JUDO

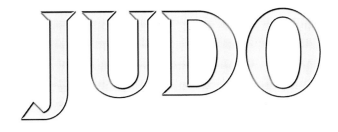

JUDO

Alex Butcher

Título original: Judo

Traducido por: Traducciones Maremagnum MTM

Corrección técnica: Rafael Rodríguez Meléndez

ISBN: 84-9764-134-5

Primera publicación en España por:

EDIMAT LIBROS, S.A.

C/ Primavera, 35 - Polígono Industrial El Malvar

28500 Arganda del Rey, MADRID - ESPAÑA

E-mail: edimat@edimat.es

http//www.edimat.es

Publicado en UK por New Holland Published (UK) Ltd

Fotomecánica por Hirt y Carter (Cape) Pty Ltd

Impreso y encuadernado en Malasia por Times Offset (M) Sdn Bhd

RENUNCIA

El autor y los editores han hecho un gran esfuerzo para asegurar que la información incluida en este libro sea precisa al cierre de la edición, y no asumen la responsabilidad de cualquier daño o inconveniencia que sufra cualquier persona usando este libro o siguiendo el consejo aquí mencionado.

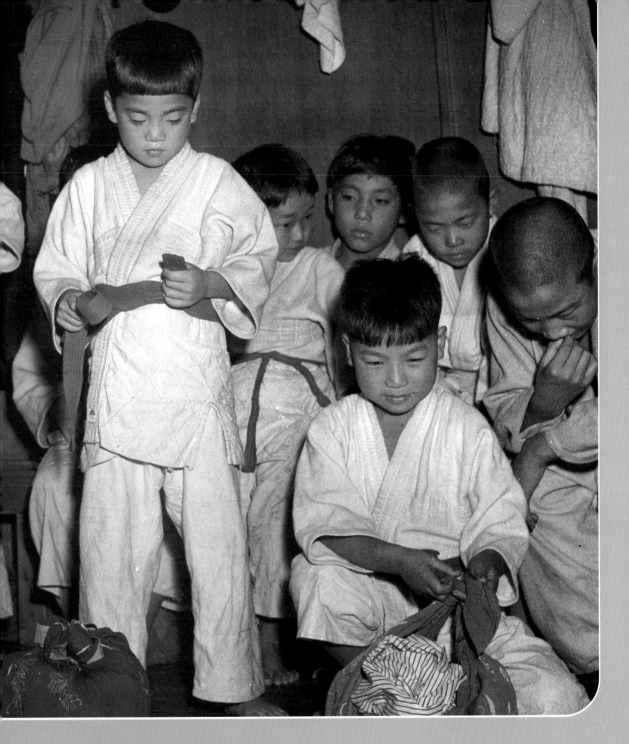

AGRADECIMIENTOS DEL AUTOR

Mis más sinceros agradecimientos a: mi mujer, Angela, por sus años de comprensión y paciencia como compañera *judoka*; Ian Geustyn, medallista de oro regional, por toda su ayuda para hacer posible este libro; Melanie y Eunice Geustyn, por hacer realidad este libro; mi hija, Jessica, por su paciencia y ayuda para simplificar el texto; Madre Rinquest, una de nuestras prometedoras judokas, con un gran futuro; Bruno Wertz, por sufrir consecuencias más allá de la llamada del deber; Malcolm Collins y Ken Webber, así como los miembros del Club 3-Ks Judo; y la Asociación de Escuelas Británicas de Judo, por inspirar este libro. Gracias, también, a Humberto Masconi por su dedicación ejemplar, y a Simon Pooley y Kenny Rinquest por su ayuda.

DEDICADO A

Alexander Percy Butcher (6 dan), padre del judo Kodokan en Sur África:

' Preguntar no es más que un momento de deshonra, pero no preguntar y permanecer en la ignorancia es una deshonra para toda la vida.'

Patrick Stevenson, por ser una verdadera inspiración y uno de los mejores judokas que he tenido el placer de conocer.

ÍNDICE

INTRODUCCIÓN

Breve historia del judo

El judo, arte marcial en el que el *judoka* o los practicantes de judo usan el movimiento, el equilibrio y la luxación para ganar ventaja, es uno de los deportes que crecen más rápidamente a escala mundial. Tanto hombres como mujeres, jóvenes o mayores, practican este deporte que ayuda a adquirir una buena postura, equilibrio, buena forma física y aumenta el reflejo mental.

Judo de competición

El judo de competición se practica en todo el mundo y. muchos luchadores compiten a nivel profesional. Aunque las técnicas básicas son muy simples y fáciles de aprender, conlleva muchos años de duro trabajo y entrenamiento con el fin de adquirir la experiencia necesaria para destacar como un profesional completo.

El judo se ha visto representado por hombres desde los Juegos Olímpicos de Tokio, en 1964, y por mujeres desde los Juegos Olímpicos de Barcelona, en 1992. Por tanto, es un deporte en constante crecimiento, que va mejorando y adaptándose a nivel internacional gracias a los *judokas*.

Utilización de este libro

Este libro es, ante todo, una introducción visual al judo, pero las imágenes aquí presentadas no constituyen un manual completo y tienen el objetivo de ilustrar las técnicas más comunes y populares en el judo de competición. Algunas se han seleccionado específicamente para este libro y pueden variar fácilmente.

Siempre que ha sido posible, se ha proporcionado el equivalente en inglés de los términos japoneses de las técnicas específicas, para hacerlo más accesible. Se han explicado por completo otros términos básicos, y se han traducido palabras cuidadosamente, según el *Nuevo Diccionario de Judo Japonés-Inglés*, publicado por el Instituto de Judo Kodokan en agosto de 2000.

Debido a que el judo mejora las habilidades de coordinación menores y mayores, y tonifica los músculos, se practica en muchos países como deporte escolar. El judo enseña autodisciplina y estimula a los niños a tratar la agresión física de una manera constructiva. En algunos países, la existencia de asociaciones de judo en escuelas nacionales ayuda a que el judo se desarrolle hasta su máximo potencial. La colaboración entre la Asociación de Judo de Escuelas Británicas y la Asociación Británica de Judo es un ejemplo excelente de las beneficiosas relaciones que pueden existir entre una escuela y una institución deportiva nacional. Esto ha provocado que existan un mayor número de competidores con más éxito y medallistas olímpicos del Reino Unido. Muchos empezaron con el judo en la escuela y con ayuda, enseñanza y tenacidad, han sido capaces de alcanzar su máximo potencial.

Como arte marcial, el judo utiliza técnicas de proyección, de lucha y luxaciones de brazos. Cuando se combinan, se consigue una autodefensa muy efectiva. El *judoka* también utiliza varias técnicas de estrangulación que intentan cortar la circulación de la sangre, la respiración, o ambas, e inmovilizan al adversario mientras lo mantienen en el suelo. El *judoka* también aprende cómo defenderse, él mismo, ante las técnicas de estrangulación de un hábil adversario. Como consecuencia de este tipo de entrenamiento particular, las personas que practican el judo están especialmente entrenadas en autodefensa.

El judo se ha adaptado recientemente, de manera que pueden practicarlo personas discapacitadas, como los invidentes, como deporte paralímpico.

Cuando un *judoka* se retira de la competición, no significa el fin de la práctica del deporte, ya que es un arte que puede practicarse hasta una edad avanzada.

página siguiente UN POPULAR CREDO ENTRE *JUDOKAS* ES «UNIDOS EN ESPÍRITU, SEPARADOS EN HABILIDAD».

Los comienzos

Jigoro Kano, nacido el 28 de octubre de 1860, fundó el tipo de arte marcial conocido como judo Kodokan en 1882, reformulando y adaptando los sistemas de jiu-jitsu clásicos. El tipo de judo clásico que se practica hoy día en todo el mundo es una adaptación más, con un significado de deporte creciente y en expansión.

De joven, Jigoro Kano no era fuerte físicamente. A los dieciocho años, para dominar su constitución delgada, empezó a estudiar jiu-jitsu, un sistema de combate contra adversarios armados o desarmados que usaban tanto técnicas de arma corta, como navajas o golpes, o técnicas a manos libres, como los golpes, las patadas o la estrangulación. Practicó ampliamente jiu-jtsu en dos escuelas, y encontró diferentes aproximaciones a la técnica. El fuerte golpeteo Tenshin Shinyo-ryu (sistema, estilo o escuela), luxaciones y estrangulación y el Kito-ryu enfatizaron las habilidades para reducir y derribar un cuerpo. Jigoro Kano decidió concentrarse en las mejores técnicas de cada uno y pensó en identificar el principio subyacente que uniera los distintos métodos de jiu-jitsu.

Jigoro Kano se graduó en la Universidad de Tokio en 1881, y el judo Kodokan se fundó oficialmente en 1882. Jigoro Kano pasó muchas horas formulando un nuevo sistema de defensa, eliminando las acciones de jiu-jitsu peligrosas, manteniendo ciertas técnicas y añadiendo una filosofía de entrenamiento mental y físico. El *ju* en judo deriva del chino y significa «cordial» o «suave», mientras que *do* significa «camino»; por tanto, el término *ju-do* significa «camino cordial». Aunque el judo se fundó en el siglo XIX, en Japón, el término *ju-do* es anterior al deporte en casi dos milenios, y los historiadores lingüísticos le han dado su origen en las crónicas del primer siglo del emperador chino Kuang Wu. Como lengua dominante en el Asia del Este, el chino influyó intensamente en el sistema de escritura y en el vocabulario de países vecinos como Japón. Así pues, aunque el japonés nativo constituye la mayor parte del lenguaje, todavía incluye palabras tomadas del chino de principios de la historia.

El camino, o *do*, del judo era muy importante para Jigoro Kano y por tanto lo llamó judo Kodokan: *ko* significa lectura o práctica, *do* significa camino, y *kan* una sala o lugar en el que practicarlo. El emblema de Kodokan enfatiza visualmente el principio central del judo: «lo suave puede controlar lo fuerte», con la presentación de una pieza de hierro rojo caliente envuelto en seda blanca. El blanco significa un exterior suave y el rojo un interior fuerte.

EL JUDO ERA UN DEPORTE DE COMBATE POPULAR ENTRE LOS NIÑOS JAPONESES, PERO AHORA TAMBIÉN SE PRACTICA MUCHO EN TODO EL MUNDO.

JAPÓN ES EL LUGAR DE ORIGEN DEL JUDO KODOKAN, Y FUE ALLÍ DONDE SE ESTABLECIÓ EL PRIMER *DOJO* EN 1882.

Los orígenes del judo

El primer *dojo* se encontraba en las tierras del Templo de Eisho-ji, en Tokio, y sólo contaba con nueve miembros en 1882. Los primeros estudiantes no pagaban tasas y se les ofrecían todas las facilidades posibles. Para fundar el *dojo*, Jigoro Kano trabajó en la traducción de textos por las noches. Pero en 1886, se generó un gran interés cuando el Consejo de Policía Metropolitana de Tokio celebró un torneo entre Kodokan y Totsuka, una de las mayores escuelas de jiu-jitsu. El *judoka* de Kano ganó en 13 combates y empató en los otros dos.

En 1888, Kodokan finalmente ganó su competición con las escuelas de jiu-jitsu. La policía japonesa utilizaría el sistema de autodefensa durante dos años, y las técnicas de proyección de dos de los alumnos originales de Kano, Saigo Shiro y Yokoyama Sakujiro, fueron muy importantes en esta victoria. .

Eventualmente, el judo sustituyó al jiu-jitsu en popularidad, no sólo entre la policía japonesa, sino en todo el país. Los combates eran originariamente un evento abierto donde competidores de todos los pesos luchaban entre sí. Pero, al final, se diferenciaron los grupos de pesos en la XVI Olimpiada de Tokio, en 1964, en tres clases —peso ligero, peso medio y peso pesado— y una categoría abierta. El judo moderno de competición también se practica por grupos de sexo y peso diferentes.

En 1882, Kano ya era instructor en una escuela para la alta sociedad, y once años más tarde, a los treinta y cinco, fue nombrado maestro de una escuela de entrenamiento para profesores. Durante veintiséis años, Jigoro Kano se dedicó al desarrollo y bienestar de los profesores. En este tiempo, también estableció el Kobun Gakuin, que acomodaba e instruía a estudiantes extranjeros, y la Escuela Kano privada, que educó a más de 300 hombres jóvenes durante los siguientes cuarenta años.

Inicialmente, el Kodokan estaba completamente dirigido por Jigoro Kano, pero en 1894 se formó el primer consejo consultor y en 1909 se transformó en fundación. Esto ocurrió en el mismo año en que Kano fue primer miembro japonés del Comité Olímpico Internacional (COI) y, dos años después, fundó la Asociación Atlética Japonesa, como primer presidente.

JIGORO KANO ESTABLECIÓ LOS PRINCIPIOS BÁSICOS DEL KODOKAN TENIENDO EN CUENTA LAS TÉCNICAS ESENCIALES DEL JIU-JITSU CLÁSICO.

Kodokan es ahora el lugar donde se ubican las oficinas centrales de toda la Federación de Judo de Japón, la institución formalizada que se estableció en 1949. El organismo gobernante del deporte, la Federación Internacional de Judo, se formó en 1951 y actualmente está situada en Seúl (Corea del Sur). La hija mayor de Jigoro Kano, Noriko Watanuki, fue directora de la división de mujeres de Kodokan durante varios años, y su nieto, Yukimitsu Kano, es el actual presidente.

El 4 de mayo de 1938, Jigoro Kano sucumbió a una neumonía y pasó a mejor vida a bordo del SS *Hikawa Maru*. Regresaba de El Cairo, donde había asistido a la reunión COI en la que se había nominado a Tokio (Japón) como sede de los XII Juegos Olímpicos. Desde la muerte de Jigoro Kano, el deporte del judo había crecido tanto que se contaban con unos 100.000 practicantes con cinturón negro. El actual Kodokan de Tokio se creó en 1982 y para muchos *judokas* de todo el mundo el entrenarse allí, en algún momento de sus carreras, es su gran ambición.

LOS SAMURÁIS ERAN MIEMBROS DE LA CLASE GUERRERA JAPONESA QUE COMPRENDÍA LA ÉLITE LUCHADORA, EN EL PERÍODO FEUDAL ENTRE LOS SIGLOS XI Y XIX EN JAPÓN.

Judo: breve explicación

El judo es un arte marcial que proviene del jiu-jitsu, una clase de combate sin arma practicado por el samurai japonés. Como alumno de las escuelas de jiu-jitsu, Jigoro Kano encontró que éstos practicaban sus técnicas como un sistema secuencial de formas predeterminadas, opuestas a un movimiento de libre corriente interactivo, y por tanto desarrolló su propia interpretación. Como resultado, Jigoro Kano es referido a menudo como *Shihan* —un término japonés para «profesor fundador»—, y en círculos de judo, este título honorífico le pertenece exclusivamente a él.

El *Shihan* consideraba que las formas predeterminadas eran débiles y empezó a estudiar maneras de aplicar las técnicas en lo que él llamó *randori*, o movimiento libre. A través de esta búsqueda, llegó a darse cuenta de que una de las habilidades más importantes era el *kuzushi*, o desequilibrar, que permitía proyectar a adversarios más grandes y fuertes que él. Sin embargo, el *Shihan* pronto observó que las técnicas de golpeo eran demasiado peligrosas para practicarlas durante el *randori* pero, con todo esto, las incluyó en las técnicas formales del *kata*. La diferencia primordial entre los movimientos de *randori* y los de *kata* es que aquél se aplica libremente en la práctica, y el último es formal y se idealiza para ilustrar principios de combate específicos.

El judo consiste en una variedad de técnicas que se usan para derribar con control a un compañero. Estas técnicas incluyen el uso de las manos, hombros, piernas y pies. También incluyen técnicas donde se sacrifica el propio equilibrio y se cae al suelo para derribar al compañero. Las técnicas de suelo en judo son un movimiento secuencial lógico desde las técnicas de mantenimiento y no se deben practicar por separado. Consisten en maniobras en las cuales se inmoviliza al compañero por la espalda, controlando su cuerpo para que no pueda escapar. Junto con las técnicas de inmovilización, en el judo también se aplican luxaciones de brazos, pero sólo en competición contra la articulación del codo.

Ya que las proyecciones son parte integrante del deporte del judo, es vital caer correctamente sin sufrir daños. Por tanto, es igualmente importante practicarlo en una superficie destinada a ello. Estas superficies se denominan *dojo*. El *dojo* tiene colchonetas, o *tatami*, que cubren el suelo con seguridad. Con todas las precauciones de seguridad que se observan, se permite que el judoka practique durante años y obtenga el máximo beneficio de este deporte sin lesionarse. Las colchonetas están fabricadas especialmente para amortiguar la caída y son reforzadas para absorber el impacto. Las primeras colchonetas de judo estaban hechas con paja comprimida y cubiertas con esteras perfectamente trenzadas, mientras que las de ahora están hechas con un material sintético comprimido, como el neopreno, y cubiertas con vinilo. Todos los *judokas* llevan un *judogui*, o traje de judo, que parece un traje suelto sin botones y sin bolsillos —por razones de seguridad— y los pies descalzos. La chaqueta se sujeta con un cinturón que indica el nivel del *judoka*.

Finalmente, el judo tiene su mejor definición con las palabras de su fundador, Jigoro Kano, que en 1915 dijo que el judo es «el camino para el uso más elevado y eficiente de la energía física y mental».

EL INVIDENTE AMERICANO SIMON JACKSON ES CAMPEÓN PARALÍMPICO DE JUDO.

PREPARACIÓN

El atuendo de judo consta de un traje de tres partes: los pantalones, la chaqueta con puntadas reforzadas, y el cinturón, que indica la categoría y nivel de técnica del *judoka*, aunque esto varía según el país, ya que cada uno tiene su propio sistema de categorías. El nivel estándar para participar en competición estándar es el cinturón negro. Algunos países también tienen un sistema de graduación separado para practicantes de judo que todavía están en la escuela. Esto está usualmente unido a los requisitos de educación física en las escuelas.

El *judogui*

Además de los trajes de judo blancos, también se utilizan trajes de judo azules que se introdujeron para diferenciar a los luchadores de competición internacional. Las normas aceptadas universalmente estipulan que los competidores deben llevar *judogui*, según las siguientes condiciones:

■ Hecho totalmente de algodón o material similar, en buenas condiciones (sin desgastes ni roturas). El material no debe ser ni tan fino ni tan fuerte como para impedir que el adversario no pueda agarrarse.

■ De color azul para el primer competidor, y blanco o color hueso para el segundo.

■ Marcas aceptadas:

 ■ Abreviación de Olímpico Nacional (en la parte trasera de la chaqueta).

 ■ Emblema Nacional (en la parte izquierda superior de la chaqueta). Medida máxima: 10 x 10 cm.

 ■ Marca del fabricante (en la parte inferior delantera de la chaqueta y la parte inferior delantera de la pierna izquierda de los pantalones). Medida máxima: 5 x 5 cm.

 ■ Marcas en los hombros (desde el cuello, por todo el hombro, y bajando por el brazo en ambos lados de la chaqueta). Longitud máxima: 5 x 5 cm y anchura máxima 5 cm.

 ■ Donde se pueda aplicar, una indicación del puesto (1.º, 2.º, 3.º) en los Juegos Olímpicos o Campeonatos Mundiales, en una zona de 6 x 10 cm, en la parte delantera inferior izquierda de la chaqueta.

izquierda EL GI BLANCO ESTÁNDAR, JUNTO CON EL CINTURÓN DE COLOR APROPIADO, ES EL ATUENDO CONVENCIONAL TANTO PARA EL DOJO COMO PARA LA SUPERFICIE DE COMPETICIÓN, EN LA QUE UN ADVERSARIO DEBE LLEVAR UN GI AZUL, PARA DIFERENCIAR A LOS DOS COMPETIDORES.

página siguiente EL COLOR DEL CINTURÓN DEL JUDOKA, EN UNA GAMA DEL NEGRO PASANDO POR ROJO Y BLANCO HASTA EL ROJO, INDICA EL NIVEL DEL JUDOKA.

■ El nombre del competidor debe llevarse sobre el cinturón, en la parte inferior delantera de la chaqueta y en la parte superior delantera de los pantalones. Medida máxima: 3 x 10 cm. También, el nombre del competidor o abreviación debe estar por encima de la abreviación de Olímpico Nacional, pero no ha de molestar al adversario para agarrar la chaqueta. También hay un número de condiciones adicionales como medida y posición.

■ La chaqueta debe ser suficientemente larga para cubrir los muslos y por lo menos llegar hasta los puños cuando los brazos están completamente extendidos hacia abajo a los lados del cuerpo. El cuerpo de la chaqueta debe llevarse con la parte izquierda cruzada sobre la parte derecha y debe ser suficientemente ancha para tener una solapa de 20 cm en la parte inferior del tórax. Las mangas de la chaqueta han de llegar no más allá de la articulación de la muñeca y no deben ser más cortas de 5 cm por encima de la articulación de la muñeca. Además, debe haber un espacio de 10-15 cm entre la manga y el brazo a lo largo de toda la longitud de la manga.

■ Los pantalones, sin ninguna marca, han de ser suficientemente largos para cubrir las piernas y deben llegar hasta la articulación del tobillo, o no más de 5 cm por encima de la articulación. Debe haber un espacio de 10-15 cm entre el pantalón y la pierna (incluso con vendajes) a lo largo de toda la longitud del pantalón.

■ Un cinturón fuerte, 4-5 cm de ancho —y el color debe corresponderse con el nivel del participante— han de llevarse sobre la chaqueta, al nivel de la cintura y atado con un nudo cuadrado, lo suficientemente fuerte para evitar que la chaqueta esté demasiado suelta, y lo bastante largo para dar dos vueltas alrededor de la cintura, dejando 20-30 cm colgando por cada lado del nudo cuando se ha apretado el cinturón.

■ Las competidoras femeninas deben llevar bajo la chaqueta:

■ una camiseta fuerte y lisa de color blanco o hueso, de mangas cortas y suficientemente larga para llevar por dentro de los pantalones, o

■ una malla fuerte y lisa de color blanco o hueso, de mangas cortas.

El cinturón

Los grados Junior (Kyu) varían de un país a otro, pero normalmente comienzan con el cinturón blanco hasta el marrón.

■ Los grados senior (Dan), como los define la Federación Internacional de Judo (FiJ), se distinguen por los colores y diseños del cinturón.

■ 1.er Dan a 5.º Dan   cinturón negro

■ 6.º Dan a 8.º Dan   cinturón rojo y blanco

■ 9.º Dan y 10.º Dan   cinturón rojo

El cinturón negro también lo pueden llevar los judokas de 6.º a 10.º Dan. Es importante que el nudo del cinturón esté justo en la parte frontal. Si está en la espalda y el judoka se cae sobre él, existe la posibilidad de que pueda sufrir algún daño.

A CINTURÓN NEGRO: 1.º A 5.º DAN

B CINTURÓN ROJO BLANCO: 6.º A 8.º DAN

C CINTURÓN ROJO: 9.º A 10.º DAN

Atar el cinturón

A Aguante el cinturón de manera que los dos extremos tengan la misma longitud, con la parte media del cinturón contra el estómago.

B Cruce los extremos del cinturón hacia atrás, con una vuelta alrededor del cuerpo; tráigalos otra vez hacia delante.

C Cruce el extremo de la mano derecha sobre la izquierda y enrósquelo por debajo con dos vueltas, tirando hacia arriba y hacia los lados.

D Coloque el extremo del cinturón de la mano izquierda sobre el extremo de la mano derecha y tire hacia los lados.

E Tire fuerte de ambos extremos.

F Finalmente, asegúrese de que los dos extremos del cinturón sean igual de largos.

Equipo

Los árbitros deben contar con el siguiente equipo:

- Una hoja con los participantes del combate.
- Un marcador de judo.
- Un cinturón rojo y un cinturón blanco.
- Seis banderitas (tres azules y tres blancas) para indicar un *hantei* o decisión.
- Dos cronos para controlar el tiempo.
- Un timbre (o campana).
- Tres banderitas para la mesa de árbitros:
  - Azul: Inmovilización se está cronometrando.
  - Verde: No hay cronometraje.
  - Amarillo: Falta se está cronometrando.

El *tatami*

El *tatami* (colchoneta de judo) debe ser suficientemente grueso para amortiguar el impacto de una caída. En competiciones internacionales, la colchoneta debe ser, por lo menos, de 45 mm de grosor, 8 m de amplitud, con un área roja de peligro de 1 m y un área de seguridad de 3 m. Se permiten colchonetas más pequeñas para entrenamiento, dependiendo de la medida del *dojo*.

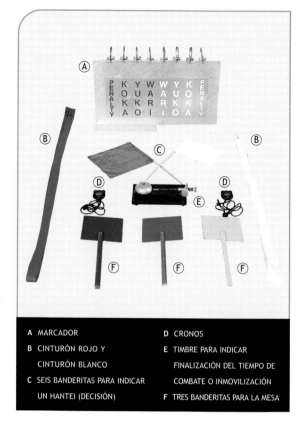

A MARCADOR	**D** CRONOS
B CINTURÓN ROJO Y CINTURÓN BLANCO	**E** TIMBRE PARA INDICAR FINALIZACIÓN DEL TIEMPO DE COMBATE O INMOVILIZACIÓN
C SEIS BANDERITAS PARA INDICAR UN HANTEI (DECISIÓN)	**F** TRES BANDERITAS PARA LA MESA

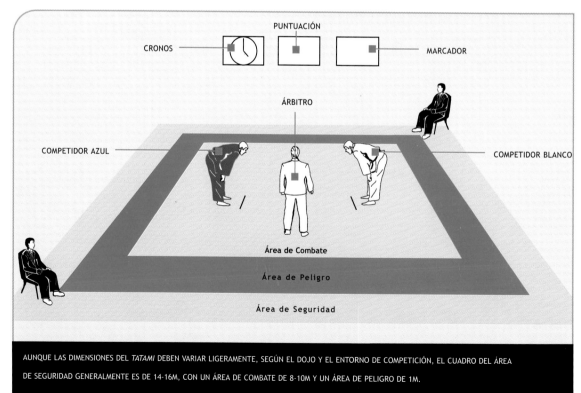

CRONOS — PUNTUACIÓN — MARCADOR

ÁRBITRO

COMPETIDOR AZUL

COMPETIDOR BLANCO

Área de Combate

Área de Peligro

Área de Seguridad

AUNQUE LAS DIMENSIONES DEL *TATAMI* DEBEN VARIAR LIGERAMENTE, SEGÚN EL DOJO Y EL ENTORNO DE COMPETICIÓN, EL CUADRO DEL ÁREA DE SEGURIDAD GENERALMENTE ES DE 14-16M, CON UN ÁREA DE COMBATE DE 8-10M Y UN ÁREA DE PELIGRO DE 1M.

Higiene

Debido a que la práctica del judo conlleva un contacto estrecho, la higiene personal y los hábitos personales específicos son importantes, no sólo por razones de salud, sino también de seguridad.

- El pelo largo siempre debe llevarse cuidadosamente recogido.
- Nunca deben llevarse joyas, ya que podrían causar daño, tanto a usted como a su compañero/adversario. Por ejemplo, los pendientes pueden sufrir un tirón.
- Se deben limpiar los pies y las manos, y llevar las uñas cortas.
- Asegurarse de que las heridas estén bien protegidas.
- Deben llevarse las sandalias, hasta y desde la colchoneta, para mantener limpios los pies y la colchoneta en todo lo posible.
- No comer media hora antes del entrenamiento.
- No entrenar si está enfermo. No sólo es peligroso para usted, sino que puede contagiar la enfermedad a sus compañeros.

Si se está medicando, consulte a su médico antes de realizar cualquier tipo de entrenamiento o competición, ya que podría ser peligroso mientras se toman ciertos medicamentos. Además, ciertas sustancias médicas están prohibidas según las normas de competición de la Federación de Judo. Su médico debe tener acceso a la lista de sustancias prohibidas.

Seguridad del judo

Los principiantes nunca deben entrenar sin la supervisión de un instructor de judo cualificado, ya que las técnicas sin supervisión y sin una tutoría pueden ser potencialmente peligrosas. Asegurar siempre la utilización de colchonetas de judo durante la práctica, para evitar daños.

Asegúrese de que sólo practica judo con alguien que sabe caer correctamente. El área de práctica siempre debe estar asegurada, retirando mesas y sillas de la zona de la colchoneta, y sin ningún objeto punzante, sobre o alrededor de ésta, que pueda causar daño. Cerciórese de que siempre se puede avisar a alguien, ya sea por teléfono o a alguien que esté por la zona, que pueda ofrecer primeros auxilios en caso de emergencia. Tomando nota de todas las precauciones de seguridad, puede evitar posibles daños en deportes de contacto como el judo.

Inicio al entrenamiento

Como en todas las artes marciales, un inicio del estudiante al entrenamiento es uno de los más importantes elementos. Siempre es importante prestar atención y escuchar a su profesor de judo. Escuchando, no sólo puede sacar el máximo beneficio de sus clases, sino que es vital para su seguridad.

Debido a que una buena proyección en judo se basa en el principio del desequilibrio, su profesor debe observar y evaluar todos los aspectos de un intento. Incluso algún aspecto o detalle que pueda parecer insignificante, puede ser la diferencia entre una buena proyección o una posición en la que su adversario puede derribarle.

Siempre debe tratar a su adversario con el respeto y cuidado que le gustaría recibir, porque sin compañeros de entrenamiento, no podría practicar ni adquirir la habilidad necesaria para dominar bien cada una de las técnicas.

DESDE EL PRIMER MOMENTO, SE APRENDE LA DISCIPLINA Y EL RESPETO POR SU ADVERSARIO Y SU PROFESOR.

Reverencia en judo

Hoy día, la reverencia en judo no tiene un significado religioso. Simplemente, es un signo de respeto hacia su compañero *judoka*, entrenador y adversarios. Con la reverencia, esencialmente está diciendo «Por favor, practique conmigo» al inicio, y «Gracias por practicar conmigo» al final de la práctica o competición. Es una cortesía común y una parte importante del judo, ya que desarrolla el respeto hacia su compañero *judoka*. Es una cortesía por su parte el inclinarse ante su profesor o entrenador para pedir ayuda o permiso para abandonar el área de entrenamiento.

Todas estas demostraciones de respeto ayudan a desarrollar un sentido de disciplina y camaradería. Tal y como se ilustra abajo, en judo existen dos tipos de reverencias.

A La reverencia se hace en pie, con los talones juntos y los pies ligeramente separados, y las palmas de las manos planas a los lados.

B Cuando se hace la reverencia, mueva las manos de los lados hacia la parte delantera de los muslos; a la vez, inclínese 30° aproximadamente. Finalice la reverencia volviendo las manos hacia atrás mientras se pone derecho.

C También puede hacer una reverencia de rodillas. Las rodillas sobre la colchoneta, con la parte superior de los pies plana y con los dos dedos gordos del pie tocándose. Las manos se mantienen sobre la parte superior de los muslos, con las nalgas sobre los talones y manteniendo la espalda lo más recta y vertical posible.

D Para hacer la reverencia, coloque las palmas de las manos sobre la colchoneta con las puntas de los dedos tocándose. Los codos deben estar cerca del cuerpo. Inclínese de manera que la espalda esté recta mientras mantiene las nalgas sobre los talones. Cuando acabe la reverencia, vuelva a la posición inicial.

Rendición

La rendición en judo es la indicación de un participante al otro, que el que se rinde concede la ventaja y que la técnica que se está aplicando debe detenerse de inmediato.

Debido a la índole de los deportes de combate, como el judo, es necesario ser capaz de rendirse, tanto en la colchoneta de entrenamiento como en la superficie de competición, siendo esencial que los dos participantes cumplan estrictamente con la norma de rendición.

Para rendirse, dé un golpecito en la colchoneta o en el cuerpo de su compañero con la palma de la mano. Si no puede utilizar las manos para indicarlo, debe hacerlo golpeando con los pies sobre el suelo o diciendo «*Maitta*».

El participante sobre el cual se aplica la técnica debe rendirse tan pronto como él o ella sienta que la técnica funciona o si él/ella siente cualquier dolor físico. Para evitar daños, la persona que está aplicando la técnica —con otras palabras, el que ha empezado a dominar en el combate— debe detenerse de inmediato y liberar al compañero, tan pronto como él o ella indique su rendición.

CON LA PALMA DE LA MANO, GOLPEE SUAVEMENTE AL COMPAÑERO O A LA COLCHONETA, POR LO MENOS DOS VECES, PARA INDICAR LA RENDICIÓN.

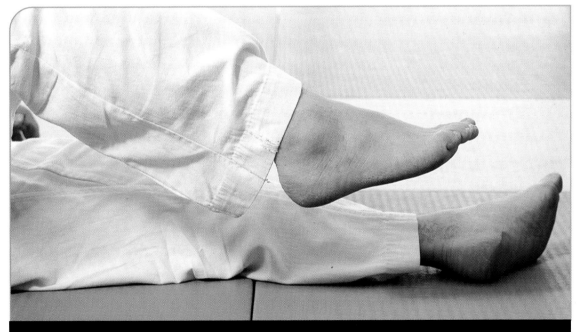

SI TIENE LAS MANOS ATRAPADAS, PUEDE RENDIRSE GOLPEANDO LA COLCHONETA CON CUALQUIERA DE LOS PIES..

Estiramiento y precalentamiento

Debido a que el judo es un deporte de contacto caracterizado por arranques repentinos de energía, necesita desarrollar la flexibilidad de su cuerpo. Unos buenos estiramientos ayudarán a reducir la posibilidad de lesiones en músculos, ligamentos y articulaciones.

Como regla básica, los estiramientos deben hacerse lentamente, con aumentos graduales del esfuerzo. Los ejercicios de estiramiento deben hacerse antes del entrenamiento.

El precalentamiento

El precalentamiento se hace después de los estiramientos, y antes del entrenamiento o la competición. Debe llevarse a cabo siguiendo el lento crecimiento de los ritmos del corazón y de la respiración. Los ejercicios deben basarse en los movimientos que utilizará en judo, de manera que también le ayudarán a desarrollar la habilidad.

Su entrenador le aconsejará técnicas de precalentamiento adecuadas a su edad y condición física. Su buen nivel de forma física aumentará gradualmente si sigue un programa de entrenamiento regular. Si está lesionado, siga el consejo del médico y evite la tentación de volver a los entrenamientos antes de estar completamente recuperado. Muchos judokas han abandonado el deporte por agravar lesiones.

A **ESTIRAMIENTO HACIA ARRIBA:** CON LAS MANOS COGIDAS, ESTIRARSE HACIA ARRIBA.

B **ESTIRAMIENTO DE HOMBRO 1:** COLOQUE EL BRAZO A TRAVÉS DE LA PARTE DELANTERA DEL CUERPO Y EN EL ÁNGULO DEL OTRO BRAZO.

C **ESTIRAMIENTO DE HOMBRO 2:** ESTIRE LOS BRAZOS HACIA FUERA POR DETRÁS DE USTED, AGARRANDO LAS MANOS. LEVÁNTELOS SIN FLEXIONARLOS.

D **EMBESTIDA:** ESTIRE UNA PIERNA POR DETRÁS DE USTED MIENTRAS SE INCLINA HACIA DELANTE, MANTENIENDO LOS TALONES EN EL SUELO. NO SE GIRE HACIA UN LADO.

E–F **ROTACIÓN DE CABEZA:** INCLINE LA OREJA HACIA EL HOMBRO, MANTENIENDO LOS DOS HOMBROS RELAJADOS. REPETIR HACIA EL OTRO LADO.

G **GATAS:** COLOCAR LOS PIES MUY SEPARADOS, MANTENIENDO LAS PLANTAS DE LOS PIES PLANAS SOBRE EL SUELO. CON LA ESPALDA RECTA, COLOCAR LAS PALMAS DE LAS MANOS PLANAS SOBRE EL SUELO.

H **ESTIRAMIENTO SENTADO:** SENTADO, ESTIRE UNA PIERNA. INCLÍNESE Y AGARRE LOS DEDOS DEL PIE.

I **ESTIRAMIENTO DE MUSLO INTERIOR:** SENTADO SOBRE LAS NALGAS, AGARRE LOS DEDOS DE LOS PIES E INSPIRE PROFUNDAMENTE. A MEDIDA QUE ESPIRE, PRESIONE LAS RODILLAS HACIA EL SUELO.

CAÍDA

Aprender a caer correctamente es una técnica de judo, ya que reduce el riesgo de lesiones. Además, el *judoka* seguro de sí mismo mejorará constantemente todas sus técnicas, sin miedo alguno, ya que podrá probar nuevas técnicas sin sufrir lesiones.

Esta habilidad para caer correctamente y con seguridad también es importante desde un punto de vista de autodefensa, porque si le tiran al suelo inesperadamente, el saber caer correctamente evitará lesiones y, por tanto, le permitirá defenderse e incluso escapar. Las partes más importantes del cuerpo que deben protegerse son la cabeza, el cuello y la base de la columna vertebral.

Ukemi (Caída golpeando)

Ukemi, o caídas golpeando, no son sólo una manera segura de caer, sino una importante manera de fortalecer los músculos del cuerpo, ayudando a amortiguar el cuerpo contra el golpe de la caída.

La práctica continua de *ukemi* logra esto, a través de la notable acción de los brazos y piernas cuando le derriban o practica técnicas de caída. Esto se extiende a los músculos de la espalda y ayuda a desarrollar y fortalecer los músculos del cuello.

También es muy efectivo en la técnica de suelo, ya que le permite mantener la cabeza ligeramente inclinada para proteger el cuello y, por tanto, evita que las manos y los brazos de su adversario agarren su cuello por debajo de su barbilla. También le ayuda a incorporarse con rapidez cuando cae o le proyectan al suelo, en una situación de autodefensa.

Dominando el *ukemi*, tendrá más seguridad para atacar en *randori* (v. pág. 13), ya que no tendrá miedo a ser proyectado.

El *ukemi* también le permite ayudar a que *judokas* menos experimentados aprendan técnicas de proyección, sin sufrir lesiones cuando le derriben.

Típicas zonas de lesión en caídas golpeando

PARTE POSTERIOR DE LA CABEZA

BASE DEL CUELLO

PARTE MÁS ESTRECHA DE LA ESPALDA

REGIÓN LUMBAR

CÓCCIX

izquierda LA CABEZA, EL CUELLO Y LA BASE DE LA COLUMNA VERTEBRAL PUEDEN SUFRIR MÁS LESIONES DURANTE LA CAÍDA. PARA EVITAR DAÑOS GRAVES EN ESTAS ZONAS, EL *JUDOKA* DEBE PRESTAR ESPECIAL ATENCIÓN A LAS TÉCNICAS CORRECTAS DE CAÍDA.
página siguiente SABER CAER CORRECTAMENTE NO SÓLO REDUCIRÁ EL RIESGO DE LESIONES, SINO QUE MEJORARÁ LA ACTUACIÓN DEL *JUDOKA*.

Fundamentos de la caída

⇦ Cuando se aprende a caer, debe empezar en la posición más baja posible para ir ganando confianza en la técnica de caída. El criterio más importante cuando se cae de espaldas es la posición de la cabeza. La barbilla debe estar inclinada hacia el pecho y sus ojos deben estar firmemente centrados en el nudo del cinturón. Al principio, le será difícil pero, con la práctica, se desarrollarán los músculos de su cuello, permitiéndole mantener esta posición con facilidad.

⇨ Otro aspecto importante en la caída hacia atrás es la posición de las manos y los brazos, cuando cae de espalda. Los brazos deben golpear con la colchoneta a unos 45° de su cuerpo, de manera que las palmas de las manos y los músculos del antebrazo golpeen la colchoneta. Cuando practica esto en posición estirada, debe inclinar las rodillas, de manera que la base de la columna vertebral no esté en contacto con la colchoneta.

⇦ Para amortiguar su cuerpo en la caída, el impacto se concentra en la parte exterior de los músculos del muslo. Así pues, incline la cabeza hacia el pecho y golpee la colchoneta con los brazos colocados a 45°. No golpee la colchoneta con el talón del pie, mejor con el interior de éste, y la rodilla de la pierna que recibe el impacto debe doblarse ligeramente.

Caída rodando y golpeando hacia atrás

⇧ Sentado, antes de rodar hacia atrás para golpear la colchoneta con los dos brazos, mantener ambos brazos hacia delante, con las piernas rectas y los pies ligeramente separados. Asegúrese de que su cabeza esté inclinada hacia delante, con la barbilla sobre el pecho.

⇧ Ruede hacia atrás mientras mantiene la barbilla firme contra el pecho. Levante las piernas hacia arriba, sin que las caderas toquen la colchoneta. Cuando los hombros toquen la colchoneta, golpéela con los músculos del antebrazo y las palmas de ambas manos.

⇧ Una vez que sepa caer desde una posición sentada, tendrá que progresar hacia el siguiente nivel de caída. Empiece sentado en cuclillas y coloque el pie izquierdo un paso hacia atrás. Siéntese con las nalgas sobre el talón de su pie izquierdo, manteniendo la barbilla firme contra el pecho. Ruede otra vez sobre su espalda, dejando las piernas en el aire, y golpee la colchoneta con los brazos.

⇦⇧ Para caer desde una posición levantada, colóquese en pie con los pies ligeramente separados, el mentón firmemente inclinado contra el pecho y los brazos extendidos por delante de usted. Dé un paso hacia atrás con el pie izquierdo y siéntese con las nalgas sobre el talón del pie izquierdo. Cuando éstas toquen el pie izquierdo, ruede sobre su espalda, manteniendo la cabeza inclinada hacia abajo. Aproveche el impulso para poner las piernas y las caderas en el aire, mientras golpea firmemente la colchoneta con los brazos.

Caída rodando y golpeando lateral

⇧ Para empezar la caída rodando y golpeando lateral, siéntese en cuclillas con los brazos extendidos por delante de usted y el mentón sobre el pecho.

⇧ Desde esta posición, estire la pierna izquierda hacia delante y gírela hacia la derecha. Mientras hace esto, ruede hacia su lado izquierdo.

⇧ Golpee la colchoneta con el antebrazo y la palma de su mano izquierda, levantando las caderas y las piernas por los aires. Practique también la caída hacia la derecha.

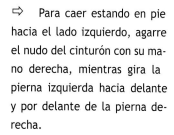

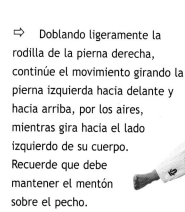

⇨ Para caer estando en pie hacia el lado izquierdo, agarre el nudo del cinturón con su mano derecha, mientras gira la pierna izquierda hacia delante y por delante de la pierna derecha.

⇨ Doblando ligeramente la rodilla de la pierna derecha, continúe el movimiento girando la pierna izquierda hacia delante y hacia arriba, por los aires, mientras gira hacia el lado izquierdo de su cuerpo. Recuerde que debe mantener el mentón sobre el pecho.

⇦ Cuando su nalga empiece a tocar la superficie de la colchoneta, levante el brazo izquierdo por los aires, mientras continúa girando hacia el lado izquierdo.

⇦ Cuando el impulso le coloca en su lugar, golpee la colchoneta con la palma y el antebrazo izquierdos, unos 45° de su cuerpo. Mantenga la cabeza inclinada mientras levanta las caderas y las piernas. Practíquelo hacia la izquierda y hacia la derecha.

Caída hacia delante con rotación

La acción de rodar en judo se diferencia de la gimnasia en que el impacto es en los hombros, desde la parte posterior del hombro hacia la cadera opuesta. En ningún momento, la cabeza o el cuello deben tocar la colchoneta.

⇨ Para empezar, manténgase con los pies separados y la pierna derecha hacia delante. Coloque las dos manos sobre la colchoneta, con la mano derecha ligeramente hacia delante y hacia el interior del pie derecho. Coloque la mano izquierda cerca de la mano derecha, con los dedos de las dos manos apuntándose unos a otros. Incline la cabeza y coloque la barbilla cerca del pecho. Las palmas deben permanecer planas sobre la colchoneta.

⇦ Impúlsese con las dos piernas y ruede hacia delante sobre su hombro derecho, manteniendo la cabeza inclinada sobre el pecho. La rotación se debe efectuar por la parte posterior del hombro derecho hacia la cadera izquierda.

⇨ Mientras el impulso hacia delante le permite rodar hacia el lado izquierdo, cadera izquierda y muslo izquierdo, golpee firmemente la colchoneta con su brazo izquierdo. Los pies deben estar separados, con las dos piernas rectas. Si tiene suficiente impulso, continúe la rotación hasta quedarse en pie.

Caída golpeando de frente

La acción de caer hacia delante se usa cuando los ataques se prolongan o cuando se es incapaz de llevar a cabo una caída con rotación.

⇐ Empiece la rotación hacia delante, de rodillas, con el cuerpo levantado. Levante las dos manos por delante de usted, con las palmas hacia delante y los brazos ligeramente doblados.

De rodillas

⇨ Caiga hacia delante con las rodillas. Golpee la colchoneta con los antebrazos y las palmas, manteniendo los codos flexionados. Mire hacia arriba, pero mantenga la espalda ligeramente arqueada. Evite que el pecho o el estómago toquen la colchoneta. Sólo debe estar en contacto con la colchoneta la parte inferior de los dedos de los pies.

⇐ Otra vez, levante los brazos con los codos flexionados y las palmas hacia delante. Mientras cae, coloque los pies hacia atrás, de manera que caiga sobre los antebrazos y los dedos de los pies sin que el cuerpo toque la colchoneta.

Levantado

⇨ Levantado, con los pies separados y los brazos hacia delante y ligeramente flexionados. Después, inclínese hacia delante, manteniendo el cuerpo recto.

⇩ Mientras cae, coloque las dos piernas hacia atrás de manera que caiga sobre los antebrazos y la parte inferior de los dedos de los pies, con los pies separados y sin que las rodillas y el cuerpo toquen la colchoneta.

Rotación exterior hacia delante

Puede evitar técnicas de proyección si es capaz de descontrolar a su adversario, rotando hacia la parte exterior de la proyección. Debe caer en una posición en la que su adversario no pueda obtener puntos por la técnica. Usualmente, esto se hace girando desde la pierna de ataque de su adversario. Para aprender a hacerlo, primero debe practicarlo sobre una colchoneta protegida o superficie blanda similar. El aspecto más importante que hay que recordar en estas acciones de rotación es prestar especial atención al giro de su cabeza y evitar caer de lado o de espalda.

⇦ Empiece en pie, con los pies muy separados. Levante los dos brazos como si estuviera haciendo una caída con rompimiento hacia delante estando en pie (v. pág. 30). Gire los hombros y la cabeza mientras mantiene los pies en la misma posición, de manera que ahora mire hacia atrás.

⇦ Continúe girando mientras cae hacia delante, pero recuerde mantener los brazos cerca del cuerpo. No estire los brazos, porque podría sufrir daños en los codos.

⇨ Acabe el giro y la acción de caída, de manera que caiga sobre los antebrazos y los dedos de los pies, sin que el pecho toque con la colchoneta.

Rotación exterior hacia atrás

Como en la acción exterior de la página 31, puede evitar técnicas de proyección girando hacia fuera con un movimiento hacia atrás.

⇨ Debe utilizar la acción de giro exterior contra un golpe de pie. De esta manera, el defensor (blanco) es capaz de escaparse del control de los brazos del adversario (azul).

⇦ Girando más rápidamente que la acción de proyección —y en la misma dirección que la del ataque original— el defensor es capaz de girar hacia fuera de su adversario y evitar caer de frente.

⇨ Utilizando este movimiento de rotación, el *judoka* logra escapar de su adversario y evita una puntuación negativa.

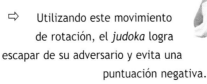

Rotación exterior desde proyecciones

Las acciones de rotación exteriores han llegado a ser una faceta muy importante del judo de competición moderno. Debido a la velocidad de los ataques, es vital que un *judoka* aprenda desde un primer momento cómo girar hacia el exterior del ataque del adversario, ya que no hay tiempo suficiente para bloquearlos. Estas acciones de rotación, ejecutadas mientras se descontrola al adversario, también ayudan a evitar que su adversario acumule la máxima puntuación por técnicas de proyección, dándole la oportunidad de seguir luchando, y posiblemente ganar.

O soto gari (Gran siega exterior)

Cuando su adversario intenta segarle o engancharle la pierna derecha con su pierna derecha, puede dar un giro para alejarse de su pierna de ataque, para caer sobre la parte delantera del cuerpo, girándolo hacia el exterior de su pierna de ataque. Esto es posible mien-tras se equilibra sobre la pierna izquierda, escondiendo la cabeza bajo su brazo derecho y descontrolándole por el brazo derecho. Recuerde girar la cabeza lo más rápidamente posible, en la dirección en la que gira.

O uchi gari (Gran siega interior)

Cuando su adversario intente segar su pierna izquierda por la parte interior, con su pierna derecha, gire el cuerpo hacia la derecha y, mientras deja suelto el brazo derecho, continúe girando la cabeza hacia la derecha, de manera que caiga sobre el estómago en vez de sobre la espalda.

Ko uchi gari (Pequeña siega interior)

Cuando su adversario intente segar su pierna derecha por la parte interior, con su pie derecho, levante el pie derecho y gire bruscamente el cuerpo hacia la izquierda, mientras le descontrola por la parte izquierda del cuello. Gire para caer sobre el estómago.

EN UNA COMPETICIÓN, EL *JUDOKA* CON ROTACIÓN HACIA FUERA DEL *O UCHI GARI* (IZQUIERDA) DEBE SER CAPAZ DE EVITAR EL POSIBLE *IPPON* PARA UNA MENOR PUNTUACIÓN DEL ADVERSARIO (DERECHA).

T ÉCNICAS DE SUEL

La técnica de suelo, o agarre, es una característica integral del judo, y es muy importante no perder de vista la unión entre las técnicas de pie y la técnica de suelo. Un *judoka* bien formado será igualmente hábil en ambas modalidades. El dominio de las técnicas de suelo, o agarre, le permitirá atacar con seguridad desde una posición levantada, ya que no tendrá miedo de que su técnica de proyección no salga bien. También le dará la oportunidad de aplicar técnicas de suelo. Las reducciones no son proyecciones estándares en judo, pero están diseñadas especialmente para tirar al suelo al adversario, de manera que pueda aplicar una inmovilización, una luxación por el brazo o una estrangulación.

Técnicas de agarre

En judo, las técnicas de agarre, o *katame waza*, se dividen entre tres grupos diferentes:

- *Osaekomi waza* (inmovilización o mantener abajo).
- *Shime waza* (técnicas de estrangulación) .
- *Kansetsu waza* (técnicas de articulación o luxaciones por el brazo). Las dos últimas técnicas son particularmente efectivas en situaciones de autodefensa, pero no para enfrentarse a más de un adversario.

Osaekomi waza (Mantener abajo)

Osaekomi waza, o mantener abajo, son técnicas mediante las cuales inmoviliza a su adversario, principalmente, sobre su espalda. Estas inmovilizaciones generalmente se llevan a cabo desde un lado, desde arriba o a horcajadas sobre el adversario. En judo, la estrangulación y las técnicas de luxación por el brazo le permiten ganar un combate incluso cuando está inmovilizado en un agarre. Esta es una de las diferencias distintivas entre la lucha libre y el judo: un *judoka* es capaz de contraatacar y ganar usando una estrangulación o una luxación por el brazo, incluso cuando está inmovilizado en el suelo.

El árbitro indicará *osaekomi* cuando, en su opinión, la técnica aplicada se corresponda con los siguientes criterios:

- El contrincante inmovilizado debe estar controlado por su adversario y debe tener la espalda y uno de los dos hombros en contacto con la colchoneta.
- El control se puede llevar a cabo desde un lado, desde atrás o desde arriba.
- El contrincante que aplica la inmovilización no debe tener la(s) pierna(s) o el cuerpo controlado por las piernas del adversario.
- Al menos uno de los contrincantes tiene cualquier parte de su cuerpo en contacto con el área de combate, durante la indicación de *osaekomi* del árbitro.
- El contrincante que aplica la inmovilización debe tener el cuerpo en posición *kesa* (v. pág. 36) o *shiho* (v. pág. 37); con otras palabras, técnicas similares a *kesa gatame* (inmovilización por la línea transversal) o *kami siho gatame* (inmovilización superior por cuatro puntos).

Shime waza (Técnicas de estrangulación)

En el judo de competición, las estrangulaciones se aplican usando varias partes del cuerpo o el *judogui*. Sin embargo, los competidores no deben rodear ninguna parte del *judogui* alrededor de cualquier parte del cuerpo de su adversario. Tampoco se debe aplicar presión sobre la tráquea.

Si se ejecuta correctamente, la estrangulación cortará la circulación de la sangre y la respiración, pero sólo lo suficiente para que el adversario pueda rendirse y no pierda el conocimiento.

Kansetsu waza (Luxaciones por el brazo)

Kansetsu waza son técnicas en las que se aplica presión en la articulación del codo, de manera que obliga a que su adversario se rinda: una de las técnicas que puede utilizar cuando está inmovilizado en el suelo. En judo, existen llaves que se aplican en otras articulaciones, pero no se usan en competición.

página siguiente UN *JUDOKA* BIEN FORMADO DOMINA LAS TÉCNICAS ESTABLECIDAS EN POSICIÓN LEVANTADA Y LA TÉCNICA DE SUELO.

↘ *Kesa gatame* (Inmovilización por la línea transversal)

Sujete a su adversario por la espalda, con la parte derecha del pecho presionando contra el lado derecho de su pecho, mientras aguanta su brazo derecho lo más fuertemente posible bajo el brazo izquierdo, con el derecho alrededor de su cuello. Este método de sujetar por debajo a su adversario, usando el peso del cuerpo y el control del brazo, hace que le sea muy difícil escapar. Éste debe utilizar toda su fuerza y el movimiento de su cuerpo para liberar su brazo derecho antes de que pueda empezar a soltarse. Cuando se está ejecutando esta inmovilización, es importante mantener el cuerpo relajado, mientras mantiene el brazo y la cabeza del adversario controlados. Las piernas deben estar lo más separadas posible, con la pierna derecha hacia fuera, la pierna izquierda hacia atrás y las rodillas ligeramente flexionadas. Sin embargo, a la vez, debe ser extremadamente cauto para evitar que el adversario enganche sus piernas alrededor de las suyas, ya que esto le permitirá controlar el movimiento del cuerpo. También podrá soltar su brazo derecho, girando su cuerpo hacia usted y usando la acción de retorcimiento de su cuerpo para liberarlo. Recuerde que el secreto de esta inmovilización es el control del brazo y el cuerpo del adversario, mediante el uso efectivo del pecho y del peso para sujetarlo por debajo, sobre la colchoneta.

⇐ *Kuzure kesa gatame* (Inmovilización por la línea transversal modificada)

Empezando desde la misma posición que en *kesa gatame* (arriba), controle el brazo derecho de su adversario, sujetándolo por debajo de la axila izquierda, firmemente con la mano izquierda. Sin embargo, en vez de colocar el brazo derecho alrededor del cuello de su adversario, colóquelo por debajo de su axila izquierda y apretando el codo contra su cuerpo. Si su adversario intenta escapar haciéndole girar sobre su cuerpo, mueva la mano derecha hacia fuera, por debajo de su axila, y colóquela sobre la colchoneta para evitar que le haga girar. Los puntos clave que deben recordarse en esta llave son el fuerte control del brazo derecho del adversario e inmovilizar su cuerpo contra el de usted con el brazo derecho, presionando el codo y el brazo fuertemente contra su cuerpo, y apretando su cuerpo contra el de usted mientras le sujeta.

⇧ *Tate siho gatame* (Inmovilización por cuatro puntos a horcajadas)

En el *tate siho gatame*, o sentada a caballo, siéntese a horcajadas sobre su adversario con una pierna colocada a cada lado de su cuerpo, con el peso sobre las rodillas. Enganche los dos pies por debajo de los muslos de su adversario, de manera que podrá controlar su cuerpo para evitar que le gire. Coloque el brazo derecho alrededor del cuello de su adversario mientras, a la vez, coloca su brazo derecho entre la cabeza de los dos. Sujete fuertemente su brazo entre la cabeza de los dos, empujando el cuerpo hacia delante y hacia abajo contra el brazo. La mano derecha debe estar firmemente cerrada alrededor de su cuello.

⇧ La mano izquierda controla su brazo derecho, pero la mano debe poder moverse libremente. Si su adversario intenta hacerle un caballete o girarle hacia su izquierda, la mano izquierda puede inmovilizarlo. Si su adversario intenta hacerle un caballete o girarle hacia su derecha, coloque el peso en el hombro izquierdo, bloqueando su acción de rotación. Los puntos importantes en esta inmovilización son el control de las piernas de su adversario con las piernas, el control de su hombro y su brazo con la cabeza, y la distribución del peso, inclinando el cuerpo firmemente hacia delante sobre los hombros de su adversario mientras mantiene el control con las piernas.

⇩ *Kata gatame* (Inmovilización por el hombro)

Agarre a su adversario por su espalda, sujetando su brazo derecho por delante de su cuello, con el hombro y la cabeza. Empiece en la posición de *kesa gatame*, o inmovilización por la línea transversal. Cuando su adversario suelte su brazo derecho y empuje con su mano derecha por debajo de la barbilla, empuje su brazo derecho por delante de su cabeza hacia la izquierda. Baje la cabeza y, con la parte derecha de la cabeza y la parte superior del hombro derecho, sujete firmemente su brazo derecho por delante de su cuello. Mantenga el brazo derecho alrededor de la parte trasera de

su cuello y coloque la mano izquierda en la mano derecha. Incorpore la rodilla derecha, de manera que el peso esté sobre la rodilla derecha. Incorpore la pierna izquierda, manteniéndola recta de manera que forme un triángulo entre las manos, la rodilla derecha y el pie izquierdo. Bajando las caderas, mantenga el equilibrio y empuje con el peso hacia su hombro derecho. Recuerde mantener fuertemente la rodilla derecha contra el cuerpo de su adversario, con el pie fuera del suelo y el peso sobre los dedos de los pies. El pie izquierdo debe estar firme sobre la colchoneta, tocando con la planta del pie. Controle el brazo y el hombro derecho de su adversario, aplicando presión con el cuello y hombro. Si mantiene este control y no puede soltar su brazo derecho, le será muy difícil escapar.

⇧ *Kami siho gatame*
(Inmovilización superior por cuatro puntos)

Arrodíllese o inclínese sobre los hombros de su adversario, con las dos rodillas hacia la parte derecha de la cabeza de su adversario. Coloque el brazo izquierdo por debajo de su hombro izquierdo y agarre su cinturón, con el pulgar por dentro de éste. Coloque el brazo derecho por debajo del hombro derecho de su adversario y agarre otra vez su cinturón. Incline firmemente el peso hacia delante, sobre su pecho, la cabeza hacia la izquierda y las piernas extendidas. Separe los pies y, mientras mantiene firmemente el control con las dos manos, empújele fuertemente contra el pecho. El peso debe estar firmemente distribuido a través de su pecho, con los pies muy separados y los dedos de los pies sobre la colchoneta. La clave de esta inmovilización es moverse libremente con su adversario, mientras se mueve, de manera que mantenga la misma posición por encima de su cabeza. Si su adversario intenta hacer el puente (v. pág. 39) o escapar, presiónele hacia usted con las dos manos, de manera que no tenga equilibrio sobre sus hombros: le será difícil salvarse.

⇩ *Yoko siho gatame*
(Inmovilización lateral por los cuatro puntos)

Arrodíllese sobre los ángulos derechos del cuerpo de su adversario cuando esté estirado sobre su espalda. Si usted está arrodillado contra su lado derecho, coloque la mano izquierda por debajo de su cuello y controle firmemente la parte izquierda de su cuello, con la mano izquierda. Coloque firmemente el pecho sobre el de su adversario, con la mano derecha entre sus piernas, por debajo de su pierna izquierda, y agarrando su cinturón o la parte inferior de su chaqueta. Estírese sobre el estómago (v. abajo), con las dos piernas por detrás de usted y los pies lo más separados posible. Arquee la espalda y empuje con el pecho hacia abajo, sobre el cuerpo de su adversario. El arqueamiento de la espalda baja las caderas y dificulta que su adversario se gire por debajo de usted o que coloque sus piernas por debajo del cuerpo. Otra vez, presiónele ligeramente hacia el pecho con las dos manos. Si su adversario intenta usar su mano izquierda para empujarle la cabeza, gírela mirando hacia sus piernas mientras las baja, pero mantenga la posición arqueada del cuerpo, de manera que apriete a su adversario contra el pecho. No levante las caderas, ya que esto permitirá que su adversario pueda mover sus piernas por debajo de usted y le gire.

El puente

El puente es una de las maneras de escapar más importantes. Esta acción utiliza los músculos de las piernas y la espalda, combinándose con los brazos, obteniendo la máxima fuerza para girar o apartar al adversario.

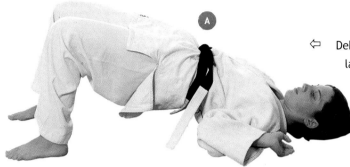

⇦ Debe hacer el puente sobre los hombros sin que la espalda toque con la colchoneta, los talones cerca de las nalgas y las rodillas flexionadas, de manera que tendrá la máxima fuerza cuando empuje con las piernas.

⇨ Para empezar el giro, coloque el peso en el extremo superior del hombro izquierdo y continúe el movimiento levantando la pierna derecha sobre la pierna izquierda, mientras mantiene la acción de puente.

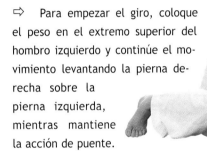

↗ Gire las caderas hacia la izquierda y siga girando hasta que acabe sobre el estómago. Practique este movimiento a ambos lados, hasta que sea una acción suave y continua. Recuerde hacer el puente por la parte superior de los hombros y no gire sólo de lado. Es importante utilizar la fuerza de los músculos de las piernas, la espalda y brazos a la vez; de lo contrario, no podrá crear un espacio donde girar las caderas.

La rotación de las caderas genera la fuerza que necesitará para la acción de giro. Cuando esté sujetado por la parte superior del cuerpo, escape mediante el puente. Mantenga éste y camine con los pies hacia la derecha, antes de girar hacia la izquierda. Invierta esta acción cuando quiera girar hacia la derecha. La acción de caminar crea otro espacio donde se puede girar y también ayuda a desequilibrar al adversario.

Escapar de inmovilizaciones

Kesa gatame (Inmovilización por la línea transversal)

⇨ Puede usar el puente contra una inmovilización por la línea transversal. Fíjese en la fuerte rotación del cuerpo para soltar el brazo derecho, antes de que empiece la acción de puente.

⇦ En la acción de puente, el adversario (azul) está inmovilizado contra su pecho, desequilibrado hacia su cabeza.

↗ Gire por la parte superior del hombro y utilice las piernas para hacer girar las caderas.

⇨ Para acabar de escapar, el adversario debe estar casi completamente girado sobre la parte superior del hombro derecho. Como el movimiento es continuo, estará en una fuerte posición de ataque, habiéndolo girado sobre el cuerpo y sobre su espalda. Debe tomar un fuerte control con las manos antes de empezar.

Yoko siho gatame (Inmovilización lateral por cuatro puntos)

Cuando su adversario le agarra por los cuatro puntos laterales, primero gire el cuerpo sobre un lado —hacia el adversario— de manera que pueda enganchar la pierna izquierda por encima de la cabeza de su adversario si le ha agarrado por la derecha.

⇨ Para girar el cuerpo hacia el lado y enganchar la pierna por encima, empuje contra el lado izquierdo de la cabeza de su adversario, con la palma de la mano izquierda, y enganche la pierna izquierda sobre su cabeza.

⇨ Cuando haya conseguido enganchar la pierna sobre su cabeza, ahora puede cruzar las piernas, con el pie izquierdo enganchado en el ángulo de la pierna derecha.

⇨ Siga empujando con las piernas —esto es el inicio de la estrangulación— con el cuello y el hombro de su adversario inmovilizado entre éstas. En este momento, en el judo de competición se detiene la inmovilización. Agarrando el cinturón de su adversario con la mano izquierda, y empujando con la mano derecha, por debajo de su cadera, ahora puede levantar su cuerpo, y si después gira el cuerpo hacia la izquierda y sigue girando, su adversario girará por encima de usted y acabará en una fuerte posición de sujeción.

Kami siho gatame (Inmovilización superior por cuatro puntos)

⇨ Para escapar de *kami siho gatame*, o inmovilización superior por cuatro puntos, necesitará una acción de puente.

⇦ Agarre el cinturón de su adversario con las dos manos, con las palmas de las manos hacia arriba y los dedos por dentro del cinturón de su compañero.

⇦ El agarrarse fuertemente al cinturón de su oponente, le permitirá tirar del cinturón para ayudarle a levantar el peso de aquél sobre su pecho. Gire acercando sus talones a sus nalgas y elevándose sobre sus hombros. Manteniendo esa postura (v. izquierda), nivele ambos pies a la derecha y gire las caderas a la izquierda pasando la pierna izquierda sobre la derecha; a continuación retire del pecho el peso de su oponente, utilizando ambas manos.

⇨ Siga girando mientras mantiene empujando a su adversario hacia fuera; esto hará que su adversario gire sobre su espalda, dejándole en una posición para contrarrestar el ataque con una inmovilización similar.

Tate siho gatame (Inmovilización por cuatro puntos a horcajadas)

⇐   En esta liberación, utilice la acción de gancho de las piernas, combinada con el puente.

⇐   Empuje la pierna derecha de su adversario con la mano izquierda, de manera que pueda poner la pierna recta para desengancharla.

⇐   Estire la pierna alrededor de la parte exterior de la pierna derecha de su adversario, manteniendo el control de su pierna. Después, haga el puente y gire hacia el lado izquierdo, siguiendo rodando hacia la izquierda. Recuerde que el puente no es sólo lateral, sino también hacia la parte superior del hombro izquierdo.

⇐   Las manos deben trabajar a la vez para empujar a su adversario hacia fuera. Siga la acción de giro hasta que pueda girar a su adversario sobre su espalda. Ahora está en una buena posición para contrarrestar su ataque.

Utilización de las piernas

En judo, las piernas se usan de muchas maneras para controlar al adversario, tanto en ataque como en defensa. Ahora mostramos ejemplos de cómo usar las piernas con el máximo beneficio y algunos modos básicos para escapar.

⇗ Control desde abajo

Si está sobre la espalda y su adversario está entre las piernas, puede controlar su cuerpo empujando su cabeza hacia abajo e inmovilizando los pies por detrás de su espalda. El objetivo de la acción de las piernas es agarrar al adversario contra usted, de manera que pueda limitar su movimiento. Cuando se hace esto en una competición, el árbitro detendrá el combate y los dos contrincantes volverán a la posición inicial para continuar desde ahí. Nunca debe inmovilizar los pies y estirar las piernas en una acción tipo tijera, ya que no sólo es peligroso para el adversario, sino que es ilegal y puede llegar a considerarse como penalización durante la competición.

⇧ Control desde encima con rotación

Su adversario está sobre sus manos y rodillas. Siéntese a horcajadas sobre su cinturón, enganche los pies entre sus piernas e incline la parte superior del cuerpo hacia delante de manera que el peso esté dirigido hacia sus brazos. Las piernas deben evitar que se incline hacia delante. Baje un hombro hacia el suelo, manteniendo el pecho contra su espalda, mientras la pierna del lado contrario al hombro que ha bajado hacia el suelo empuja hacia arriba y alrededor, atrayendo su pierna.

⇧ En este punto vital de la maniobra, las manos entran en juego, asegurando la parte superior del cuerpo del adversario mientras las piernas siguen ejerciendo control sobre la parte inferior de su cuerpo, separando sus rodillas.

⇓ **Escapar por encima de las piernas del adversario**

Estando entre las piernas del adversario, coloque las manos hacia fuera para sujetarse a su cinturón y después separe sus piernas con los codos.

A Con la mano izquierda, agarre sus pantalones por la parte interior, justo por encima de su rodilla, y empuje su pierna hacia el suelo; ponga la pierna derecha hacia fuera y la rodilla a través de su muslo.

B Con la mano izquierda, aguante su brazo derecho, colocando el brazo derecho alrededor de su cuello a la vez que coloca la pierna izquierda hacia fuera, sacándola de entre sus piernas.

C Coloque la pierna derecha hacia fuera por debajo de la pierna izquierda en una posición dividida y baje la cadera mientras empuja su cuerpo con el pecho. Esto también se puede hacer en el lado opuesto.

⇓ **Escapar por debajo de las piernas del adversario**

A Levante el brazo, empujando su pierna en el hombro y empujando hacia abajo con el pecho; pase la mano izquierda a través y sujete su solapa derecha.

B Mueva la pierna derecha sobre la izquierda y después retire la cadera. Deje pasar la mano derecha, gire hacia la izquierda de manera que la mano derecha esté por encima de su hombro y estén pecho con pecho.

C Pase la mano derecha por debajo de su cabeza. Mueva la mano izquierda desde su cuello hasta su manga, separe las piernas de manera que la derecha esté por delante de su cabeza y la izquierda por delante de sus piernas.

Dominar el giro

Existen varias maneras de hacer girar a un compañero, pudiendo aplicar una inmovilización, una estrangulación o una luxación por el brazo. Abajo y en el dorso hay ejemplos de giros básicos. La mayoría de giros se llevan a cabo cuando el adversario está sobre sus manos o rodillas, o estirado sobre su estómago.

Giro desde el Costado (1)

↗ Arrodíllese por la parte derecha de su adversario. Pase por debajo de su axila derecha y por detrás de su cuello con la mano derecha, levantando su brazo mientras pasa el brazo. El hombro izquierdo debe estar contra él, con la cabeza sobre su espalda.

⇨ Empuje con el hombro y las rodillas, de manera que su adversario gire sobre su espalda, pero manteniendo constantemente el contacto, finalizando con su adversario sobre su espalda y usted sujetándolo con el pecho sobre el suyo.

Giro desde el Costado (2)

⇦ Empiece arrodillándose por la parte derecha de su adversario, como antes. Con la mano izquierda, pase por debajo de su axila derecha y agarre su solapa opuesta (la izquierda). Con la mano derecha, pase por delante de sus manos y agarre su manga izquierda por el puño. Coloque el hombro izquierdo contra su lado derecho y gire la cabeza, de manera que la parte izquierda del cuello esté contra su espalda.

⇧ Con la mano derecha, empuje su mano izquierda hacia fuera y empuje hacia fuera con el hombro.

⇧ Su adversario se desplomará sobre su espalda; acompáñelo y siga con una inmovilización.

Desde la cabeza

⇨ Arrodíllese delante de su adversario con el pecho sobre la parte posterior de su cuello. Con la mano izquierda, agarre la manga —por el puño— de su brazo derecho.

⇦ La mano derecha debe agarrar la solapa de su adversario por debajo de su axila. Estire la pierna izquierda y empiece a girar el cuerpo hacia la izquierda, poniendo la pierna izquierda hacia la derecha, en un movimiento de retorcimiento.

⇦ Siga girando hasta que el pecho quede sobre sus hombros.

⇨ Finalice inmovilizando su brazo izquierdo contra su cuerpo, con el brazo derecho, y después doble su mano derecha por debajo de la axila izquierda y sujétela ahí, con el pecho apoyado sobre su pecho.

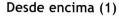

Desde encima (1)

⇦ *Okuri eri jime* (Estrangulación deslizando solapa)

Empiece la estrangulación de cuello con desliza-miento, sentándose a horcajadas sobre su ad-versario, con la mano izquierda por debajo de su axila izquierda y la axila derecha sujetan-do la parte izquierda de su cuello, donde la muñeca se apoya contra su garganta.

⇨ Haga girar a su compañero hacia la derecha (v. Utilización de las piernas en pág. 44). Las manos aseguran la parte superior del cuerpo de su adversario, mientras las piernas controlan la parte inferior de su cuerpo, separando sus rodillas.

⇦ Siga girando hasta que esté sobre la espalda, con su compañero boca arriba, pero asegúrese de mantener el control con las piernas. Con la mano derecha, pase por debajo y tire hacia abajo por la parte izquierda de su cuello, mientras la mano izquierda sujete la parte derecha de su cuello para aplicar la técnica de estrangulación.

Desde encima (2)

⇐ *Juji gatame* (Luxación en cruz al brazo extendido)

Empiece a horcajadas sobre su adversario y, con la mano derecha, pase por debajo de su axila y sujétele por la parte izquierda de su cuello, con el pulgar por dentro. Con la mano izquierda, con los dedos por dentro del cuello, tire de la parte de atrás de su cuello contra su cabeza. Enrolle la pierna izquierda por encima de su hombro de manera que la pierna esté entre su cabeza y su hombro. Tire hacia arriba con fuerza con la mano derecha, de manera que su cuerpo gire y esté atrapado entre las piernas; después, levante el pie izquierdo hacia la rodilla derecha.

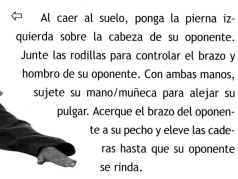

⇨ Siéntese sobre su adversario e inclínese hacia atrás, manteniendo fuertemente el control de su cuerpo con los brazos y piernas.

⇐ Al caer al suelo, ponga la pierna izquierda sobre la cabeza de su oponente. Junte las rodillas para controlar el brazo y hombro de su oponente. Con ambas manos, sujete su mano/muñeca para alejar su pulgar. Acerque el brazo del oponente a su pecho y eleve las caderas hasta que su oponente se rinda.

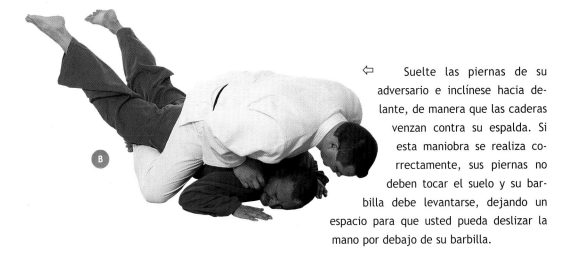

Dominar la estrangulación

Desde atrás
⇐ *Hadaka jime* (Estrangulación)

Arrodíllese a horcajadas sobre el cinturón de su adversario con los pies metidos por debajo de su cuerpo. Con las dos manos hacia atrás, sujete sus pantalones y sus rodillas, levántele las piernas y deslice los pies por debajo de la parte superior de sus muslos. También puede hacerlo con una pierna

⇐   Suelte las piernas de su adversario e inclínese hacia delante, de manera que las caderas venzan contra su espalda. Si esta maniobra se realiza correctamente, sus piernas no deben tocar el suelo y su barbilla debe levantarse, dejando un espacio para que usted pueda deslizar la mano por debajo de su barbilla.

⇨   Empuje con la mano derecha por debajo y a través de su barbilla y agarre la mano izquierda. Ésta debe apoyarse sobre su hombro izquierdo, con el antebrazo por debajo de su espalda. Coloque el hombro derecho contra la parte posterior de su cabeza y tire hacia atrás con el codo izquierdo para aplicar la técnica de estrangulación.

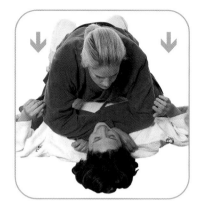

Desde delante
⇐ *Nami juji jime* (Estrangulación con manos cruzadas)

Sentado a horcajadas sobre su adversario, con las rodillas y los pies doblados contra sus costados. Con la mano derecha, sujete su cuello de la chaqueta por el mismo lugar y tire hacia abajo. Con la mano izquierda, sujete el cuello izquierdo por encima de la mano derecha introduciendo el pulgar y deslice la mano izquierda hacia arriba, hacia su cuello, de manera que la mano esté por debajo de su oreja. Suelte la mano derecha, crúcela hacia la izquierda y sujete el cuello opuesto de la chaqueta, también con el pulgar por dentro. Tire con fuerza y coloque los codos en el suelo para aplicar la estrangulación.

⇐ *Kata juji jime* (Estrangulación media con manos cruzadas)

Siéntese a horcajadas sobre su adversario, con las rodillas y los pies doblados contra sus costados. Con la mano derecha, sujete el cuello de la chaqueta de su adversario por el mismo lugar y presione hacia abajo. Con la mano izquierda, sujete el mismo cuello de la chaqueta por encima de la mano derecha, con los dedos por dentro, y deslice la mano izquierda hacia arriba y hacia su cuello, de manera que la mano esté por debajo de su oreja. Suelte la mano derecha, crúcela hacia la izquierda y sujete el cuello opuesto de la chaqueta, con el pulgar por dentro. Presione con la mano izquierda e intente colocar el codo derecho sobre el suelo, de manera que pueda aplicar la técnica de estrangulación.

⇑ *Gyaku juji jime* (Estrangulación inversa con manos cruzadas)

Siéntese a horcajadas sobre su adversario, con las rodillas y pies doblados contra sus costados. Con la mano derecha, sujete el cuello de su chaqueta y presione hacia abajo. Con la mano izquierda, sujete la misma parte del cuello de chaqueta por encima de la mano derecha, con los dedos por dentro, y deslice la mano izquierda hacia arriba, hacia su cuello, de manera que la mano esté por debajo de su oreja. Suelte la mano derecha, crúcela hacia la izquierda y sujete el cuello opuesto de la chaqueta, también con los dedos por dentro.

⇑ Inmovilizando a su adversario contra usted, gire de manera que esté sobre la espalda con su adversario entre las piernas. Presione hacia abajo, mantenga el control con las piernas y empuje con los codos hacia fuera, a la vez que gira las manos hacia fuera para aplicar la técnica de estrangulación.

⇧ *Kata ha jime* (Estrangulación por un ala)

Su adversario está con su espalda contra usted, intentando ponerse en pie. Pase la mano izquierda alrededor de su cuello y sujete la solapa opuesta; utilice la mano derecha para sujetar la izquierda, si es necesario. Pase la mano derecha por debajo del brazo derecho de su adversario y por detrás de su cabeza: la parte trasera de la mano debe estar contra su cabeza. Mantenga rígido el brazo derecho y presionando hacia abajo, por delante de la cabeza de su adversario, mientras presiona sobre la mano izquierda para aplicar la técnica de estrangulación.

⇦ *Okuri eri jime* (Estrangulación deslizando solapa)

Se encuentra por detrás de su adversario, controlando su cuerpo con las piernas. Pase la mano izquierda por debajo de su brazo izquierdo, sujete su solapa izquierda y tire de ella hacia fuera para tenerla bien cogida. Ahora, pase la mano derecha alrededor de su cabeza y por debajo de su barbilla, y sujete su solapa izquierda tan fuerte como pueda (izquierda). Suelte la mano izquierda y agarre su solapa derecha, presionando hacia abajo con la mano izquierda, y hacia arriba y a través con la derecha para aplicar la técnica de estrangulación. Esta técnica también se puede aplicar cuando el adversario está boca abajo o estirado de lado.

⇨ **Sankanku jime** (Estrangulación en triángulo)

Su adversario le inmoviliza en *yoko shiho gatame* por el lado derecho. Coloque la mano izquierda en la zona de su cuello, de manera que el pulgar esté justo por debajo de la oreja y presione su cabeza hacia abajo, hacia los pies.

⇨ Ponga la pierna izquierda hacia arriba y alrededor para engancharla sobre la cabeza de su adversario.

⇦ Cruce la pierna derecha sobre la izquierda, de manera que el pie izquierdo esté por detrás de la rodilla derecha, atrapando el brazo y la cabeza de su adversario entre las piernas. Presione con las piernas, empujándolas por delante de usted para aplicar la técnica de estrangulación. Esta técnica se puede hacer en muchas otras situaciones, pero sólo si tiene inmovilizada la cabeza y el brazo, ya que no está permitido aplicar la estrangulación sólo en la cabeza.

⇨ **Tsukkomi jime** (Estrangulación de empuje)

Esta técnica se lleva a cabo cuando se encuentra por encima de su adversario. La mano izquierda sujeta su solapa izquierda y presiona hacia abajo para agarrar con fuerza el cuello de la chaqueta. Con la mano derecha, sujete la otra solapa, con el pulgar hacia abajo, y presione con éste a través de su garganta (derecha) y por debajo de su hombro, usando el peso del cuerpo para aplicar la técnica de estrangulación.

Evitar estrangulaciones

Existen varias maneras diferentes de evitar o escapar de las estrangulaciones; aquí tiene unos ejemplos de los métodos más comunes.

⇨ Colocando la mano entre el lado de estrangulación —en este caso, el brazo de su adversario— y el cuello, es muy efectivo si se hace correctamente. Es muy importante que cierre el puño y lo coloque contra la mejilla; si la mano está abierta, la muñeca puede doblarse por debajo de la barbilla y acabar estrangulándose con su propio brazo.

⇧ Girando la cabeza fuera de la estrangulación —generalmente, hacia la axila de su adversario— es otra manera de escapar a la inmovilización con estrangulación del adversario. Esto le dará un pequeño respiro y siempre debe usarse junto con otro método de liberación.

⇧ Introducir la cabeza es otra forma de evitar la estrangulación. Se hace levantando los dos hombros y colocando firmemente la barbilla contra el pecho, de manera que nada pueda colocarse contra la garganta; utilice las manos para proteger los lados del cuello.

Dominar luxaciones de brazo

En el judo de competición, todas las luxaciones de brazo se ejecutan contra la articulación de codo. Estas luxaciones de brazo se pueden aplicar usando varias partes del cuerpo como fulcro. Existen dos tipos de luxaciones de brazo:

- luxaciones de brazo doblado, donde la articulación del codo se dobla, y
- luxaciones de brazo estirado, donde el brazo está estirado.

Los siguientes ejemplos son algunas de las técnicas más utilizadas, y todas ellas pueden llevarse a cabo desde posiciones diferentes.

⇨ *Ude gatame* (Luxación de brazo)

Cuando su adversario le empuja hacia arriba mientras se gira hacia usted, detenga el giro de su cuerpo y contrólelo colocando la rodilla justo sobre su cadera. Inmovilice su mano en el hombro, usando la cabeza para atraparla ahí. Coloque las dos manos justo por debajo de la articulación de su codo, con los pulgares por encima, y presione hacia el propio cuerpo para aplicar la luxación de brazo. Esta técnica generalmente se ejecuta cuando el adversario intenta escapar de una técnica de inmovilización.

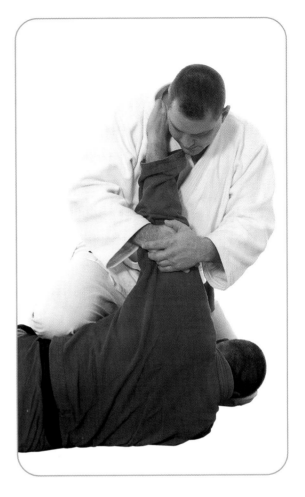

⇦ *Juji gatame* (Luxación en cruz)

Puede hacerse en cualquier brazo. Su adversario está sobre su espalda, mientras las piernas están a través de su cuerpo, con la parte superior de su brazo sujetado entre los muslos. Controle su brazo y su cuerpo con las piernas. Con las dos manos, sujete su brazo por la muñeca, de manera que no pueda girar su mano y su pulgar esté hacia arriba. Presione su brazo hacia abajo, mientras levanta las caderas para aplicar la luxación. Esta técnica se puede hacer de varias maneras —incluso al revés, con una pierna a través del cuerpo— tras una proyección o como un giro.

⇦ *Ude garami* (Luxación de brazo doblado) (1)

Su adversario está sobre su espalda y usted está apoyado a través de su pecho, sujetando el brazo opuesto, mientras él intenta empujarle hacia fuera. Con la mano cerca de su cabeza, sujete su mano por la muñeca y empújela hacia abajo, de manera que su mano esté hacia su cabeza. Deslice la otra mano por debajo de su brazo y sujétese en la propia muñeca, de manera que el antebrazo esté en la parte interior de su codo. Levante ligeramente el brazo para levantar su codo; después, empuje su mano hacia usted para aplicar la luxación. Si se hace correctamente, esta luxación funciona sobre el codo y no sobre el hombro. Esta luxación de brazo se puede hacer por cualquier lado.

⇦ *Ude garami* (Luxación de brazo doblado) (2)

Esta luxación es parecida al *ude garami* (arriba), excepto que la mano de su adversario apunta hacia abajo. Cuando intente empujarle hacia fuera, utilice la mano cerca de sus pies para sujetar su muñeca y empújela hacia abajo, de manera que su mano apunte hacia sus pies. Deslice la otra mano por debajo de su brazo y sujétese en la propia muñeca, de manera que el antebrazo esté en la parte interior de su codo. Levántese ligeramente con el brazo, para elevar su codo; empuje su mano hacia usted para aplicar la luxación. Ésta funciona sobre el codo y no sobre el hombro, y se puede hacer por cualquier lado.

⇦ *Ude garami* (Luxación de brazo doblado) (3)

Su adversario está entre las piernas. Empújele hacia abajo, de manera que su pecho esté contra el estómago y presione su cabeza hacia la derecha. Con la mano izquierda, pase por encima de su hombro derecho y sujete su muñeca derecha con el pulgar por la parte inferior. Empuje con la mano derecha a través del hueco entre su brazo y su cuerpo, y sujétese en la propia muñeca con el pulgar apuntando hacia abajo, de manera que el antebrazo esté en la parte interior de su codo. Presione hacia arriba con la mano derecha para aplicar la luxación.

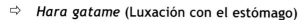

⇨ *Hara gatame* (Luxación con el estómago)

Está inmovilizando a su adversario por su lado derecho en *kuzure kesa gatame*. Éste intenta liberarse y alejarse de usted. Cuando gire, mantenga el control de su brazo derecho y muévase alrededor de la parte superior de su cabeza. Tire de su brazo a través del cuerpo y coloque su codo justo por debajo del estómago, con su pulgar apuntando hacia fuera de usted. Tire su muñeca hacia atrás y empuje hacia fuera con las caderas para aplicar la luxación de brazo.

⇨ **Waki gatame** (Luxación de axila) (1)

Está inmovilizando a su adversario por su lado izquierdo en *kesa gatame*. Intenta liberarse y se gira hacia usted. Cuando se gira, mantenga otra vez el control de su brazo izquierdo y muévase alrededor de la parte superior de su cabeza, hasta que esté en el otro lado y pueda colocar el codo izquierdo por encima de su brazo izquierdo, atrapando la parte superior de su brazo en la axila. Con las dos manos, controle su muñeca y su brazo, y así se asegurará de que su pulgar está apuntando hacia el suelo. Levántese con las dos manos —mientras se inclina hacia delante con la axila— para aplicar la luxación de axila. Esta técnica es igualmente efectiva si se hace por el otro lado.

⇨ **Waki gatame** (Luxación de axila) (2)

Está en pie, y su adversario está de cara a usted. Cuando aproxima su mano izquierda hacia usted, sujete y controle su mano y su muñeca, de manera que su pulgar esté apuntando hacia el suelo. Desequilíbrelo y gírelo hacia la izquierda. Dé un paso delante de sus pies con el pie derecho y coloque el brazo derecho por encima de su brazo. Siga presionando sobre su brazo hasta que pueda atrapar la parte superior de su brazo por debajo de la axila. Tire hacia arriba con las dos manos mientras se inclina hacia abajo con la axila para aplicar la luxación de axila. Esta técnica también se puede hacer por el otro lado.

⇧ **Evitar luxaciones de brazo**

Su adversario intenta aplicar un *juji gatame*. Cuando avanza de una parte a otra de la cabeza y se sienta para aplicar la luxación, levante rápidamente los pies sobre la cabeza y gire sobre los hombros —el más cercano a él— y las rodillas. Esta acción gira el cuerpo y el brazo fuera de la luxación y le deja por encima de su adversario, en una posición de ataque. Por supuesto, si su pierna no le permite girar, deberá llevar a cabo otra maniobra, a menudo, más avanzada.

LEVANTARSE Y PROYECTAR

Las técnicas de proyección son la parte más excitante del judo de competición, independientemente de la estatura del *judoka*. Los competidores combinan el momento adecuado, la velocidad y la habilidad con control para ejecutar algunas de las técnicas más decisivas en el judo y, cuando se hacen correctamente, parece que estas maniobras se llevan a cabo casi sin esfuerzo.

Kuzushi (Desequilibrio)

En judo, las buenas técnicas de proyección se basan en el *kuzushi*: descontrolar el equilibrio del adversario (v. pág. 61). Sin embargo, es difícil conseguir este desequilibrio a menos que empiece desde una posición en la que controla el propio equilibrio:

Existen seis posturas básicas que debería entender antes de intentar un desequilibrio.

■ **Postura natural:** se mantiene en una posición relajada, vertical, con los pies separados a la anchura de los hombros, pero no más allá.

■ **Postura natural derecha:** la misma posición que la de arriba, pero con el pie derecho hacia delante.

■ **Postura natural izquierda:** la misma posición que la de arriba, pero con el pie izquierdo hacia delante.

■ **Postura de defensa:** otra vez, el cuerpo debe estar derecho, pero con los pies más separados de la anchura de los hombros y las rodillas ligeramente flexionadas.

■ **Postura de defensa derecha:** la misma posición que la de arriba, pero con la pierna derecha hacia delante.

■ **Postura de defensa izquierda:** la misma posición que la de arriba, pero con la pierna izquierda hacia delante.

En las ilustraciones de la página 61, se demuestra el desequilibrio todavía en pie. Es mucho más efectivo si se aplica mientras el adversario se está moviendo. Aunque parece que la fuerza es el factor más importante en el judo de competición, especialmente entre *judokas* de mucho peso, esta fuerza sólo se puede utilizar de manera efectiva contra un adversario igual de fuerte, si se aplican correctamente los principios básicos del *kuzushi*.

Kumikata (Formas de control de agarre)

La práctica del *kumikata* (control de agarre del adversario, tanto de su cuerpo o de su *gi* para ejecutar una maniobra de finalización) es uno de los aspectos fundamentales del judo. *Kumikata* (v. pág. 60) es vital para la buena realización de un movimiento porque, sin poder controlar correctamente, es muy difícil ejecutar el *kuzushi* (desequilibrio) y controlar el movimiento. Es muy importante que practique las técnicas de ataque desde todas las posiciones posibles, ya que sólo tendrá una oportunidad para controlar y mantener el control.

Tai sabaki

Tai sabaki (o desplazamiento de cuerpo y control de cuerpo) es la utilización del cuerpo para evitar una proyección, y se puede dividir en dos categorías: la primera, evita proyecciones y ataques; la segunda, bloquea proyecciones y ataques.

Evitar un ataque

Cuando se intenta evitar una proyección, es importante evitar el contacto con el cuerpo del adversario, ya que esto le dará un espacio en el que moverse. También es importante mantener la postura correcta de manera que pueda moverse con rapidez y efectividad (v. pág. 73).

Bloquear un ataque

En las proyecciones de bloqueo, debe romper el control de su adversario en los brazos y usar las caderas para bloquear los movimientos del adversario, flexionando las rodillas mientras gira las caderas. Haciendo esto, también estabilizará el propio equilibrio y postura.

página siguiente EN LAS FINALES DE LAS OLIMPIADAS 2000, EL JAPONÉS INOUE KOSEI CONSIGUIÓ EL ORO, CON *IPPON* PARA *UCHI MATA*, CONTRA EL MEDALLISTA DE PLATA CANADIENSE NICOLAS GILL.

Kumikata (Formas de control de agarre)

⇧ Colóquese de cara a su adversario (azul) en una postura natural y con los pies ligeramente separados. Adelante la mano derecha y sujete el cuello de su chaqueta, con el pulgar en la parte superior. Agarre su manga derecha —cerca del codo por debajo del brazo— ahuecando la mano y empuje hacia fuera.

⇧ Controle la manga derecha de su adversario con la mano izquierda, sujetando el cuello de su chaqueta con la mano derecha. Después, con la mano derecha por debajo de su axila, agarre su cinturón por la espalda. Mientras está haciendo esto, dé un paso hacia delante con el pie derecho, de manera que pueda controlar el propio equilibrio.

⇧ En algunas de las proyecciones en judo, puede ser necesario controlar las dos mangas del adversario.

⇧ Mantener el control sujetando las dos solapas debe utilizarse en técnicas de *sutemi waza* (ofrenda).

Kuzushi (Desequilibrio)

⇦ El adversario se desequilibra hacia delante. Estando el adversario y usted en la postura natural, sujete el cuello de su chaqueta con la mano derecha y su manga con la izquierda. Dé un paso brusco hacia atrás con el pie izquierdo, empujando hacia delante y hacia arriba con las dos manos. Mantenga el codo derecho hacia abajo y cerca del pecho de su adversario, mientras le empuja hacia arriba y hacia delante sobre sus pies.

⇦ Su adversario se desequilibra hacia la derecha. Empiece desde una posición natural y dé un paso brusco hacia la izquierda, mientras empuja hacia fuera y hacia arriba sobre el codo derecho de su adversario. La mano derecha también debe empujarle a través del cuerpo hacia la izquierda.

⇦ Desequilibre a su adversario hacia delante y a la derecha. Desde una posición natural, dé un paso atrás con el pie izquierdo, forzándole a dar un paso hacia delante con su pie derecho. Siga empujando y apóyele en el lado exterior delantero de su pie derecho. Mantenga el codo derecho cerca de su pecho, mientras empuja hacia arriba y hacia fuera con la mano izquierda.

⇦ Su adversario se desequilibra hacia atrás. En la posición natural, agarre la parte izquierda del cuello de su chaqueta con la mano derecha, y su manga derecha con la izquierda. Empújele con las dos manos, colocando el pie derecho entre sus pies. Empuje su codo derecho hacia su cuerpo, manteniendo el codo cerca de su pecho.

⇦ Para desequilibrar a su adversario hacia la izquierda, corrija la orden de desequilibrar hacia la derecha (v. izquierda) y, de acuerdo con esto, cambie la posición de inmovilización sobre la manga y el cuello de la chaqueta.

⇦ Desde la posición de inmovilización derecha, desequilibre a su adversario hacia la izquierda. Desde una posición natural, empuje ligeramente hacia delante. Cuando empuje hacia atrás, dé un paso hacia delante con el pie derecho. Empuje hacia abajo con la mano derecha, presionando su peso hacia el lado exterior de su pie izquierdo, balanceándole hacia la parte trasera de su talón izquierdo. Practique estos métodos hacia la izquierda y derecha, desde una posición fija y después movida.

⇩ *Uki-goshi* (Proyección de pequeña cadera)

Una de las técnicas originales del judo, es una técnica de autodefensa muy eficaz. También conocida como la Proyección de pequeña cadera, *uki-goshi*, que utiliza una acción de salto del cuerpo, combinada con la acción de cadera de *o-goshi*. Sin embargo, las piernas no se flexio-nan, sino que están separadas hacia delante del adversario para dar impulso en la proyección. Sujete la manga derecha de su adversario con la mano izquierda y dese-quilíbrele hacia el punto delantero derecho. Coloque el brazo derecho por debajo de su brazo izquierdo, con la mano entre las paletillas de sus hombros.

⇧ Coloque el pie derecho entre sus pies, cerca de su pie derecho.

⇧ Separe el pie izquierdo del pie derecho; levántele sobre las caderas.

⇧ Gire las caderas y derríbele hacia delante y por encima del cuerpo.

⇩ *Ogoshi* (Proyección de gran cadera)

Muchas de las técnicas de proyección en judo derivan de la proyección por la cadera. Esta técnica básica enseña el uso de las caderas y las piernas para proyectar. Para levantar es muy importante utilizar las piernas y no sólo la espalda.

La fuerza que se utiliza en la ejecución de esta proyección proviene de una combinación de caderas, piernas y espalda, enganchando al adversario con los brazos en la espalda y caderas.

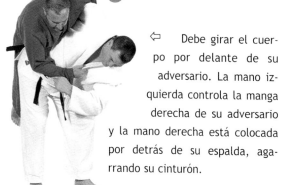

⇦ Debe girar el cuerpo por delante de su adversario. La mano izquierda controla la manga derecha de su adversario y la mano derecha está colocada por detrás de su espalda, aga-rrando su cinturón.

⇦ Ahora, tire hacia arriba a su adversario sobre las caderas, mientras flexiona las rodillas, y levantando con las piernas y brazos, haciéndole girar sobre las caderas.

⇨ *Morote seoi nage*
(Proyección por el hombro con el brazo doblado)

Póngase de cara a su adversario en la posición natural. Con la mano izquierda, tire de su manga derecha, girando la mano en el sentido de las agujas del reloj, de manera que el dedo meñique esté en la parte superior mientras tira. Dé un paso hacia delante y a través con el pie derecho. Mantenga agarrada su solapa derecha con la mano derecha y deslice el codo a través de su pecho, de manera que esté por debajo de su axila, girando el cuerpo para que su pecho esté contra las paletillas de la espalda. Siga girando; coloque el pie izquierdo en línea con el derecho. Las rodillas deben estar flexionadas, con su adversario contra la espalda (derecha). El cuerpo debe estar derecho. La mano izquierda mantiene la fuerza.

↗ Para finalizar, proyecte a su adversario hacia delante, por encima del hombro.

⇦ *Ippon seoi nage*
(Proyección por un hombro)

Póngase de cara a su adversario y sujételo en posición natural derecha.

Con la mano izquierda, tire de su manga derecha y gire la mano en el sentido de las agujas del reloj, de manera que el dedo meñique esté en la parte superior mientras tira.

Después, dé un paso hacia delante y a través con el pie derecho, mientras coloca el brazo derecho por debajo de su axila, de manera que atrape la parte superior de su brazo en la parte interior del codo, girando el cuerpo de manera que su pecho esté contra las paletillas de la espalda. La mano izquierda mantiene la acción de fuerza a través del movimiento.

↗ Siga girando, poniendo el pie izquierdo en línea con el pie derecho. Las dos rodillas deben estar ligeramente flexionadas, con el adversario contra la espalda. Estire las piernas, cuando se inclina hacia delante para levantarle.

⇨ Una vez que tiene a su adversario por los aires, gire la cabeza hacia la izquierda de manera que los hombros giren para derribarle.

⇦ *Eri seoi nage* (Proyección de hombro con agarre a la solapa del lado que se proyecta)

Póngase de cara a su adversario, sujetándolo en la posición natural derecha. Con la mano izquierda, tire de su manga derecha, girando la mano en el sentido de las agujas del reloj de manera que el dedo meñique esté en la parte superior mientras tira. Dé un paso hacia delante y a través con el pie derecho. Con la mano derecha, suelte su solapa izquierda y agarre la derecha. Deslice el codo a través de su pecho de manera que esté metido por debajo de su axila, girando el cuerpo de manera que el pecho de su adversario esté contra las paletillas de la espalda (izquierda). Siga girando el cuerpo, poniendo el pie izquierdo hacia atrás en línea con el pie derecho.

⇦ Las dos rodillas deben estar ligeramente flexionadas, con el adversario contra la espalda; el torso debe estar recto. La mano izquierda mantiene la acción de fuerza a través del movimiento. Siga flexionando las rodillas y levante a su adversario sobre la espalda.

⇨ Ahora, estire las piernas mientras se inclina hacia delante para levantar a su adversario. Una vez que tenga a su adversario por los aires, gire la cabeza hacia la izquierda de manera que los hombros puedan girar mientras le derriba.

O soto gari (Gran siega exterior)

⇩ Sujétese en posición natural derecha; dé un paso hacia delante con el pie izquierdo y colóquelo fuera de la pierna derecha de su adversario. Cuando dé el paso, empuje hacia fuera con la mano izquierda y levante con la mano derecha, de manera que su cuerpo esté inclinado hacia su parte trasera derecha.

⇦ Transfiera el peso a la pierna izquierda mientras coloca la pierna derecha hacia delante y hacia arriba por detrás de su pierna izquierda.

⇨ Flexione la pierna hacia atrás entre sus piernas, levantando su pierna izquierda con la derecha mientras pone la cabeza hacia delante y hacia abajo. El cuerpo y la pierna actúan como un fulcro, deslizando sus piernas hacia fuera por debajo de él.

⇦ *O uchi gari* (Gran siega interior)

Sujétese en la posición natural derecha; dé un paso hacia delante entre las piernas de su adversario con la pierna derecha. Empuje su hombro izquierdo hacia atrás con la mano derecha, mientras empuja ligeramente con la mano izquierda sobre su manga derecha, desequilibrándole hacia el punto izquierdo trasero.

⇨ Coloque la pierna derecha hacia atrás, enganchando su pierna izquierda y empujándola hacia delante para proyectar. Intente no levantar completamente el pie del suelo, cuando lo empuja hacia atrás.

⇗ Coloque la pierna izquierda hacia la pierna derecha y transfiera el peso sobre ésta. Levante su pierna izquierda por la parte interior con la pierna derecha, desequilibrándole.

Tai otoshi (Caída del cuerpo)

Esta popular técnica se utiliza en ataque y contraataque.

⇩ Coloque el pie derecho a medio camino entre los pies de su adversario para desequilibrarlo hacia su parte delantera derecha.

⇩ Controle su manga derecha con la mano izquierda. La mano derecha agarra su solapa izquierda; mantenga el codo derecho hacia abajo, cerca de su pecho. Coloque el pie izquierdo hacia delante y a la derecha. Separe la pierna derecha, por delante de su pierna derecha y por debajo de su rodilla.

⇩ Siga con la acción de la mano y el giro del cuerpo y proyecte a su adversario hacia delante, por encima de la pierna derecha.

Koshi guruma (Rueda con la cadera)

Esta técnica se puede utilizar contra un adversario que está luchando con el cuerpo inclinado desde la cintura hacia delante.

⇧ Coloque el brazo derecho por encima de su hombro; empuje su brazo derecho a través del pecho y desequilíbrelo. Ponga el pie derecho por delante de los suyos.

⇧ Dé un paso hacia delante y hacia la derecha con el pie izquierdo. Gire las caderas por delante de él, tirando el peso hacia delante mientras sigue con el giro.

⇧ Ahora, finalice la proyección haciendo rodar a su adversario hacia delante y por encima de las caderas.

Ko uchi gari (Pequeña siega interior)

⇧ Cuando su adversario haga un paso hacia delante con la pierna derecha, dé un paso entre sus piernas con la pierna derecha. Empuje sobre su brazo izquierdo con la mano derecha y presione su hombro derecho hacia atrás para desequilibrarlo con su peso sobre su pie derecho.

⇧ Coloque el pie izquierdo al lado del derecho y transfiera el peso a la pierna izquierda. Gire el pie derecho y coloque la planta del pie por detrás de su tobillo derecho. Con el pie, enganche su pie derecho hacia delante en la dirección de sus dedos de los pies.

⇧ Siga empujando su pie hacia fuera hasta que ya no pueda mantener el equilibrio y caiga al suelo.

Ko soto gake (Pequeño enganche exterior)

⇧ Cuando su adversario dé un paso hacia delante sobre su pierna derecha, con la pierna izquierda haga que dé un paso hacia delante y hacia fuera con esa pierna. Empuje su codo derecho hacia la derecha con la mano izquierda, mientras levanta y empuja hacia fuera su hombro izquierdo con la derecha.

⇧ Con el talón izquierdo, enganche su pierna derecha por la parte exterior.

⇧ Siga enganchando y tirando hacia fuera su pie hasta que se caiga.

Uchi mata
(Proyección por el interior del muslo)

A ⇦ En la posición natural derecha, sujétese con la mano derecha en la parte superior de la solapa izquierda de su adversario. Dé un paso hacia delante con el pie derecho y colóquelo entre sus pies, con los dedos de los pies apuntando hacia la izquierda. Girando hacia la izquierda sobre la articulación del pie derecho, coloque el pie izquierdo fuera del pie izquierdo de su adversario mientras empuja sobre su brazo derecho con la mano izquierda y empuja sobre el cuello izquierdo de su chaqueta, de manera que haga girar sus hombros.

B ⇦ Siga empujando y presionando con las manos. Transfiera el peso hacia la pierna izquierda y deslícese hacia atrás con la pierna derecha.

C ⇧ Siga levantando la pierna derecha e incline la cabeza hacia la rodilla, mientras levanta la pierna izquierda de su adversario por los aires.

D ⇧ La acción de proyección continúa hasta que consigue derribar a su adversario en el suelo.

Harai goshi (Barrido de cadera)

⇨ Agarre en la posición natural derecha, con la mano derecha en la parte superior de la solapa izquierda de su adversario. Dé un paso hacia delante con el pie derecho y colóquelo entre sus pies con los dedos de los pies apuntando hacia la izquierda. Coloque hacia atrás y hacia la derecha el pie izquierdo, de manera que los dedos de los pies apunten hacia fuera de su adversario mientras empuja con la mano izquierda y presiona con la derecha, para obligar a colocar el peso de su cuerpo sobre su pie derecho.

⇦ Coloque la pierna derecha hacia delante y empuje a su adversario hacia fuera y hacia arriba contra la cadera y la espalda.

⇩ Siga con la acción de giro, levantando el pie hacia arriba para derribar a su adversario en el suelo.

⇦ Mantenga a su adversario fuertemente contra el cuerpo y deslice la pierna derecha hacia atrás, deslizando las piernas de su adversario fuera del suelo, girando alrededor y sobre la pierna izquierda.

Okuri ashi barai (Barrido del pie en desplazamiento)

⇧ Cuando su adversario se mueve hacia su lado izquierdo, deslice su pie derecho hacia su pie izquierdo con la planta del pie izquierdo. Desequilíbrelo levantándole.

⇧ Con las dos manos, siga levantándole y después deslícele, mientras gira los hombros del adversario.

⇧ Esta acción hará que su oponente se gire cuando se caiga sobre la colchoneta, derribándole sobre su espalda.

De ashi barai (Barrido del pie adelantado)

⇧ Manténgase en la posición natural derecha. Cuando su adversario dé un paso hacia delante con su pie derecho, empújelo hacia delante y a través de su derecha. A la vez, deslice su pie derecho, con la planta del pie izquierdo.

⇧ Siga girando el hombro de su adversario hacia su derecha mientras, a la vez, desliza su pie derecho hacia arriba y fuera del suelo con la planta del pie izquierdo.

⇧ Haga girar el cuerpo de su adversario con las dos manos, proyectándole sobre su espalda; pero es importante deslizar hacia arriba su pie derecho, adelantado antes de que toque la colchoneta.

Tani otoshi (Caída en el valle)

Puede utilizarse en ataque y contraataque.

⇐ Con la mano derecha, sujete el cuello izquierdo de la chaqueta de su adversario. Cuando dé un paso hacia atrás con su pierna derecha e intente evitar que le agarre con la mano izquierda, coja su pierna izquierda con la mano izquierda.

⇐ Agarre fuertemente su pierna y coloque la pierna derecha tan alejada como pueda, por detrás de sus piernas.

⇩ Ruede hacia atrás sobre el lado derecho, mientras derriba a su adversario hacia atrás sobre la pierna derecha estirada.

⇨ Empuje hacia abajo y hacia su espalda con la mano derecha por el cuello de la chaqueta, mientras levanta su pierna izquierda.

Morote gari (Siega a dos manos)

Esta fuerte proyección es muy popular en Europa del Este, en gran parte debido a la larga historia de lucha libre en la región.

⚐ Cuando su adversario intente sujetarse, dé un paso hacia delante con la pierna derecha y agarre la parte trasera de sus piernas con las dos manos. Coloque el hombro derecho en el nudo de su cinturón, asegurándose de que la cabeza está cerca de la parte exterior de su cadera derecha.

⇨ Empuje con los hombros mientras levanta las piernas de su adversario, proyectándole sobre su espalda. Es muy importante que esto se haga con un movimiento suave, o su adversario puede girarse hacia fuera, debido a que no tendrá control sobre la parte superior de su cuerpo.

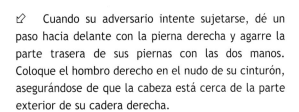

Tomoe nage (Proyección en círculo)

Esta es una proyección muy conocida en el judo de competición, y existen muchas variaciones de la técnica básica.

⇧ Su adversario le empuja. Empuje hacia atrás con la pierna derecha hacia delante y mueva la mano izquierda, desde su manga derecha hasta el cuello derecho de su chaqueta. Levántele con las dos manos, desequilibrándole hacia delante.

⇧ Dé un paso hacia delante con el pie izquierdo, deslizando la pierna izquierda entre sus piernas, y ruede sobre la espalda, colocando la planta del pie derecho delante de su cadera izquierda.

⇧ Siga empujando con las dos manos, presionando hacia arriba con la pierna derecha y derribando a su oponente por encima del hombro izquierdo.

Ura nage (Proyección hacia atrás)

Esta potente proyección, usada principalmente como contraataque, es una proyección conocida en judo, especialmente en Europa.

⇩ Bloquee flexionando las rodillas. Agarre el cinturón de su adversario con la mano izquierda, colocando la mano derecha delante de su estómago.

↘ Siga levantando y girando, derribándole por encima del hombro izquierdo mientras cae sobre la parte trasera del hombro izquierdo.

↗ Utilice los músculos de las piernas, brazos y espalda para levantarle y hacerle girar hacia la izquierda.

Tai sabaki

Evitando proyecciones

⇨ El defensor (derecha) ha detenido el contacto del cuerpo utilizando su mano izquierda, y ha empezado a saltar alrededor de la proyección.

↗ El defensor se mueve en la zona de ataque para evitar ser derribado.

⇧ En el salto, los pies están muy separados para permitirle caer en el suelo en una posición estable. También puede evitar la proyección moviéndose en dirección contraria al ataque.

↗ El atacante se ha caído sobre sus rodillas para proyectar. Evite el contacto, moviéndose hacia atrás y hacia la parte izquierda de su adversario, usando el momento adecuado para saltar alrededor de la proyección.

↗ Cuando caiga al suelo, intente hacerlo sobre los dos pies para que pueda girar a su adversario por su espalda. Ahora, estará en una posición para atacar con una técnica de suelo.

Bloqueando proyecciones

⇦ Si su adversario (derecha) ataca con una proyección por la derecha, bloquee estirando el brazo derecho para soltarlo y empuje con la cadera izquierda hacia delante, mientras da un paso hacia atrás con la pierna derecha. A la vez, flexione la rodilla izquierda. Esto romperá el contacto del cuerpo con su adversario y estabilizará el equilibrio.

TÉCNICAS
AVANZADAS

as técnicas avanzadas en judo son esencialmente maniobras de proyección básicas que se han adaptado o se han cambiado específicamente para proyectar a un experimentado adversario o compañero. Algunas proyecciones deben llevarse a cabo en el lado «incorrecto» o desde una posición de inmovilización nada convencional. Deben conectarse, a la vez, una secuencia de proyecciones, o se deben ejecutar sucesivamente para formar combinaciones de dos o más proyecciones. El judo cambia constantemente debido a estas variaciones, y siempre se están desarrollando nuevas formas de proyecciones.

Combinaciones

El *judoka* experimentado puede ver y detener una proyección de judo. Con el ataque con una proyección, en la que el adversario bloquea, y haciendo una proyección diferente con su acción de escape, puede proyectar a un adversario experimentado. Las combinaciones pueden hacerse de izquierda-izquierda, izquierda-derecha, hacia delante-hacia atrás y viceversa. También pueden conectarse múltiples técnicas; uno debe utilizar varias proyecciones en una secuencia, para proyectar a un adversario.

arriba MOVIMIENTOS TÉCNICAMENTE AVANZADOS PERMITIRÁN QUE UN COMPETIDOR DOMINE AL ADVERSARIO MÁS HÁBIL

página siguiente MUCHAS DE LAS TÉCNICAS AVANZADAS DE PROYECCIÓN REQUIEREN PRECISIÓN TÉCNICA EN UNA FRACCIÓN DE SEGUNDO

O soto gari a harai goshi (Gran siega exterior a barrido de cadera)

⇑ Su adversario (izquierda) bloquea el *o soto gari*, empujando la espalda.

⇑ Cambie la acción de la mano, desde una presión a un empuje, mientras gira derecho sobre la pierna izquierda, saltando en el sitio. Entonces, se pondrá de cara, como su adversario.

⇑ Deslice la pierna hacia atrás y proyecte con *harai goshi* (barrido de cadera).

Ko uchi gari a ippon seoi nage (Pequeña siega interior a proyección sobre el hombro por un punto)

⇑ Después de atacar con *kouchi gari*, su adversario (izquierda) levanta el pie fuera de la trayectoria y camina hacia atrás.

⇑ Tire de su manga derecha con la mano izquierda para desequilibrarle hacia delante. Gire sobre el pie derecho y coloque el izquierdo en línea con el derecho, las rodillas flexionadas, mientras desliza el brazo derecho por debajo de su brazo derecho.

⇑ Desde la posición en la que las rodillas están flexionadas para mantener el peso de su adversario, estire las piernas y después gire la cabeza hacia la izquierda para proyectar a su adversario con una proyección sobre el hombro por un punto.

Koshi guruma a tani otoshi
(Barrido de cadera a caída en el valle)

⇐ En esta secuencia de proyección, utiliza una acción de proyección hacia delante, de manera que puede usar la resistencia de su adversario para proyectarlo hacia atrás.

⇐ Cuando su adversario flexiona las rodillas para resistir el ataque y tira hacia atrás, mantenga agarrada su manga y su chaqueta, desplazando el peso hacia la pierna izquierda y poniendo la pierna derecha hacia atrás y por detrás de él.

⇒ Coloque la pierna tan alejada como pueda, por detrás de las piernas de su adversario. Tire hacia abajo por su chaqueta, por detrás de su cuello, con la mano derecha. Flexione la rodilla izquierda y gire el cuerpo hacia la derecha, proyectando a su adversario por encima de la pierna derecha estirada.

Es importante que gire el cuerpo todo lo que pueda, de manera que caiga al suelo sobre el lado derecho y no sobre la espalda. Esto le dejará en una buena posición para seguir con un ataque de técnica de suelo, si no puede conseguir la máxima puntuación por la proyección.

Ko uchi gari a *uchi mata*
(Pequeña siega interior a proyección por el interior del muslo)

⇨ Su adversario podrá evitar el ataque derecho con mano del *ko uchi gari*, si levanta su pie derecho fuera de la trayectoria y da un paso hacia atrás con ese pie.

⇦ Tire de la manga izquierda de su adversario con la mano derecha y empuje su cabeza hacia su derecha para desequilibrarle y girar sus hombros. A la vez, gire sobre el pie derecho, poniendo el pie izquierdo hacia atrás, más allá de la parte exterior de su pierna izquierda.

⇩ Siga tirando de la manga derecha de su adversario y desplace el peso del cuerpo hacia la pierna izquierda.

⇧ Deslice la pierna derecha hacia atrás, entre las piernas de su adversario y proyecte con la siega por el interior del muslo.

Contra proyecciones

Las contra proyecciones se usan para proyectar a un adversario, usando su entrada o salida de un ataque. Algunas requieren el bloqueo o parada del movimiento, mientras otras dependen de evitar el movimiento.

Contra *tai otoshi, ko soto gake* (Caída del cuerpo contra pequeño gancho exterior)

↘ Su compañero ataca con una caída del cuerpo o *tai otoshi*.

A

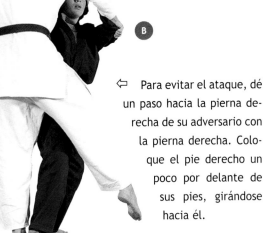

B

⇐ Para evitar el ataque, dé un paso hacia la pierna derecha de su adversario con la pierna derecha. Coloque el pie derecho un poco por delante de sus pies, girándose hacia él.

C

⇐ Siga girando el cuerpo, de manera que el pecho esté de cara al pecho de su oponente. Empújele hacia atrás mientras la pierna izquierda engancha su pierna derecha. A través del movimiento, asegúrese de que la pierna izquierda no se mueve de detrás de su adversario.

D

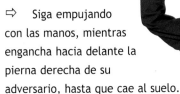

⇒ Siga empujando con las manos, mientras engancha hacia delante la pierna derecha de su adversario, hasta que cae al suelo.

Contra *uchimata, tai otoshi*
(Proyección por el interior del muslo contra caída del cuerpo)

⇦ Su adversario le ataca con *uchi mata* por la mano izquierda.

↗ Para evitar la técnica de su adversario, mueva la pierna fuera de la trayectoria y hacia el lugar donde su pierna se desliza hacia atrás, para atrapar la de usted. A la vez, empuje su brazo derecho hacia usted con la mano izquierda y empuje su hombro izquierdo hacia fuera con la mano derecha.

⇨ Deslice la pierna derecha a través y por delante de las piernas de su adversario y proyéctelo, empujándole alrededor de la pierna.

⇩ Desplace el peso hacia la pierna izquierda y deslícese hacia atrás con la pierna derecha para proyectar a su adversario con *uchi mata*.

Contra *kosoto gari, uchi mata*
(Pequeña siega exterior contra proyección por el interior del muslo)

⇧ Bloquee el ataque *ko soto gari* de su adversario, asegurándose de que la postura del cuerpo es firme, de manera que no se incline hacia atrás. Tire de la manga derecha de su adversario para desequilibrarle hacia su punto delantero derecho.

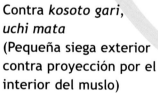

⇧ Girando sobre la pierna derecha, mueva la pierna izquierda hacia atrás para que esté fuera de la pierna izquierda de su adversario.

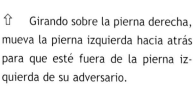

Contra barridos de pie
Contra *de ashi barai*, *tsubame gaeshi*
(Contra barrido de pie adelantado, barrido del pie atacante)

Es un contraataque muy útil contra un adversario que ha intentado barrer, sin desequilibrarle primero.

⇨ Su adversario intenta barrer el pie izquierdo con su pie derecho sin desequilibrarle.

⇦ Coloque el pie izquierdo hacia atrás, mientras mantiene el control de la manga derecha de su adversario y la parte izquierda del cuello de su chaqueta (izquierda). Cuando su pierna derecha se adelanta hacia el pie izquierdo, hacia atrás, gire sus hombros con las manos, colocando rápidamente hacia delante el pie izquierdo.

⇨ Cuando ponga el pie izquierdo hacia delante, barra su pie derecho con la planta del pie izquierdo y siga la acción de barrido que ha empezado su adversario para derribarle sobre su espalda.

Siegas a inmovilizaciones
O soto gari a *kesa gatame*

El *o soto gari* (gran siega exterior) a *kesa gatame* (inmovilización por la línea transversal) es una combinación potente, porque la finalización de la inmovilización ayuda a asegurar una siega de todo el cuerpo.

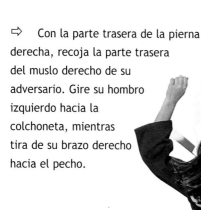

⇨ Cuando su adversario dé un paso hacia delante con su pierna derecha, desequilíbrele hacia su punto trasero derecho y dé un paso hacia delante con el pie izquierdo, balanceando la pierna derecha hacia delante y hacia arriba.

⇨ Con la parte trasera de la pierna derecha, recoja la parte trasera del muslo derecho de su adversario. Gire su hombro izquierdo hacia la colchoneta, mientras tira de su brazo derecho hacia el pecho.

⇗ Acompañe a su adversario en la caída sobre la colchoneta, mientras mantiene el control de su brazo derecho. Cuando golpee la colchoneta, deslice el brazo derecho alrededor de su cuello e inmovilice su brazo derecho por debajo de la axila izquierda. Agache la cabeza, cerca de la suya, con los pies muy separados, la pierna derecha hacia delante y la izquierda hacia atrás.

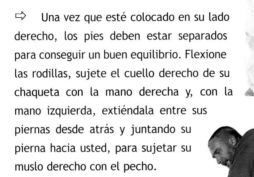

Contra *ippon seoi nage, sukui nage*
(Contra proyección por encima del hombro, proyección de palanca)

⇐ Cuando su compañero ataca por la derecha con *ippon seoi nage*, contrarreste moviéndose alrededor de su cuerpo, hacia su derecha, de manera que la espalda de su adversario no pueda estar en contacto con el pecho.

⇨ Una vez que esté colocado en su lado derecho, los pies deben estar separados para conseguir un buen equilibrio. Flexione las rodillas, sujete el cuello derecho de su chaqueta con la mano derecha y, con la mano izquierda, extiéndala entre sus piernas desde atrás y juntando su pierna hacia usted, para sujetar su muslo derecho con el pecho.

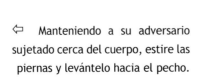

⇐ Manteniendo a su adversario sujetado cerca del cuerpo, estire las piernas y levántelo hacia el pecho.

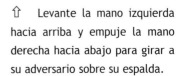

⇧ Levante la mano izquierda hacia arriba y empuje la mano derecha hacia abajo para girar a su adversario sobre su espalda.

Ippon seoi nage a *yoko siho gatame*
(Proyección sobre el hombro por un punto a inmovilización lateral por cuatro puntos)

Esta proyección es una modificación de la básica *ippon seoi nage* y, aparte de ser difícil el bloqueo usando las caderas, también es muy útil contra un adversario que lucha con los brazos rígidos, porque usted puede atacar colándose por debajo de los brazos de su adversario.

⇦ Controle fuertemente el brazo derecho de su adversario y desequilíbrele hacia delante y hacia arriba. Levante el brazo derecho por debajo de su brazo derecho, inmovilizando en el ángulo del codo derecho. Cuélese y caiga sobre las rodillas entre las piernas de su adversario.

⇨ Tire fuertemente hacia abajo por el brazo derecho de su adversario, mientras gira los hombros hacia la izquierda. Asegúrese de que gira la cabeza para mirar por encima del hombro izquierdo, y después proyecte a su adversario hacia delante y por encima de los hombros.

⇨ Continúe la proyección con *yoko siho gatame*, colocando el brazo derecho entre sus piernas y agarrando su cinturón o su chaqueta. Ponga el brazo izquierdo por debajo de su cabeza y, con la mano izquierda, agarre la parte izquierda del cuello de su chaqueta. Asegúrese que controla con fuerza el pecho de su adversario.

Tai otoshi a *juji gatame*
(Caída del cuerpo a luxación en cruz al brazo extendido)

⇦ Proyecte a su adversario con un *tai otoshi* por la derecha.

↯ Cuando caiga al suelo, tire hacia arriba de su brazo derecho y dé un paso a través de su cabeza, con el pie izquierdo. Siéntese lo más cerca posible contra su hombro izquierdo.

⇩ Manteniendo el control de su brazo, estírese hacia atrás mientras coloca la pierna derecha a través de su pecho. Junte las rodillas, aplique la luxación de brazo tirando hacia abajo sobre su mano, de manera que su pulgar apunte lejos de usted.

Tomoe nage a *tate shiho gatame*
(Proyección en círculo a inmovilización por cuatro puntos a caballo)

⇧ Proyecte a su adversario con *tomoe nage*, usando los dos pies y manteniendo un estrecho contacto con su cuerpo.

⇧ Manteniendo el contacto, tire los pies por encima del hombro, de manera que cuando su adversario caiga sobre su espalda, usted caiga a horcajadas sobre él y pueda inmovilizarlo en *tate shiho gatame*.

Judo de competición

Las señales e instrucciones del árbitro en el judo competitivo son aspectos importantes de la competición.

Aizu: señales principales

A *Ippon* (un punto; punto completo): levanta el brazo por encima de la cabeza con la palma de la mano hacia delante.

B *Waza-ari* (existe técnica): levanta un brazo hacia un lado a la altura del hombro, con la palma de la mano hacia abajo.

C *Waza-ari-awasete-ippon*: *waza-ari,* después gesto de *ippon.*

D *Yuko* (efectivo): levanta un brazo con la palma de la mano hacia abajo, a 45° del cuerpo.

E *Koka* (puntuación menor): levanta el brazo doblado con el pulgar hacia el hombro y el codo cerca del cuerpo.

F *Osaekomi* (inmovilización válida): inclinado de cara a los contrincantes, alarga el brazo hacia ellos.

G *Osaekomi-toketa* (inmovilización interrumpida): inclinando el cuerpo hacia los contrincantes, levanta un brazo hacia delante y después lo mueve rápidamente de derecha a izquierda, dos o tres veces.

H *Matte!* (¡Paren!): levanta una mano a la altura del hombro, con el brazo paralelo al *tatami,* y muestra la palma de la mano plana.

I *Hantei* (decisión): para preparar una llamada de *hantei,* levanta las manos 45° con la bandera correcta en cada mano; en el aviso de *hantei,* levanta las banderas hacia arriba.

J *Sono mama* (posiciones de inmovilización): indicar verbalmente e inclinándose hacia delante, tocando a los dos contrincantes con la palma de las manos.

Aizu: señales adicionales

■ Instrucción para ajustar el *judogui*: cruza la mano izquierda sobre la derecha, las palmas de cara hacia el interior, a la altura del cinturón.

■ Registrar un examen médico: la mano abierta hacia el combatiente; con la otra, levanta el dedo índice hacia el grabador para un primer examen, y el índice y el corazón para el segundo.

■ Penalización (*siho, chui, keikoku, hansoku-make*): punto para combatiente con el dedo índice extendido desde el puño.

■ No combatividad: gira los antebrazos hacia delante a la altura del pecho y señala con el dedo índice al combatiente.

■ Cancelación de opinión expresada: repite el gesto de puntuación con una mano, mientras levanta la otra por encima de la cabeza, hacia delante, moviéndola de derecha a izquierda, dos o tres veces.

El sistema de puntuación

El árbitro anuncia la puntuación cuando, en su opinión, una técnica se corresponde a:

Ippon (10 puntos: máximo)

■ El contrincante que controla proyecta al otro (principalmente sobre su espalda), con fuerza y velocidad considerable.

■ Un contrincante inmoviliza al otro con *osaekomiwaza* y el segundo es incapaz de escapar durante los 25 segundos después del aviso de *osaekomi*.

■ Un contrincante se rinde (pica dos veces o dice *maitta*).

■ Un contrincante está incapacitado mediante un *shime-waza* o *kansetsu-waza*.

Waza-ari (7 puntos: casi ippon)

■ El contrincante que controla proyecta al otro, pero a la técnica le falta uno de los cuatro elementos necesarios para *ippon*.

■ Un contrincante inmoviliza al otro con *osaekomiwaza* y el segundo es incapaz de escapar durante 20-25 segundos.

Yuko (5 puntos)

■ El contrincante que tiene el control proyecta al otro, pero a la técnica le faltan dos elementos *ippon*:

1) Falta parcial del elemento «parcialmente sobre la espalda» y «velocidad» o «fuerza».

2) Falta parcial tanto en «velocidad» como en «fuerza».

■ Un contrincante inmoviliza al otro con *osaekomiwaza* y el segundo es incapaz de escapar durante 15-20 segundos.

Koka (3 puntos)

■ El contrincante con el control proyecta al otro sobre un hombro, el muslo(s) o las nalgas con velocidad y fuerza.

■ Un contrincante inmoviliza al otro con *osaekomi-waza* y el segundo es incapaz de escapar durante 10-15 segundos.

AUTODEFENSA

Las técnicas de autodefensa en judo provienen del jiu-jitsu, y usualmente se aprenden en *kata* o tipos de equipo. Pueden dividirse en las técnicas originales de jiu-jitsu (como *Kime no Kata*) o los tipos más modernos, llamados *Kodokan Goshinjitsu*. La Policía japonesa y los Servicios de Seguridad, por ejemplo, practican diariamente las técnicas de *kodokan-goshin-jitsu* y son una parte esencial del programa de formación en las fuerzas de seguridad.

Hay que remarcar que las técnicas de autodefensa sólo pueden ser efectivas si se practican regularmente, ya que esto perfeccionará maniobras uniformes y efectivas, y un sentido elevado del movimiento y el control del cuerpo.

En las siguientes páginas, sólo hemos ilustrado algunas de las técnicas que se aprenden como parte de la autodefensa del judo. Éstas sólo deben practicarse bajo la supervisión de un entrenador cualificado, en entornos adecuados —y sobre la superficie apropiada— para evitar daños, porque estas técnicas son peligrosas si se llevan a cabo de manera incorrecta o sin el control adecuado.

Defendiéndose

En judo, las técnicas de autodefensa se basan en evitar los ataques de su adversario y desequilibrarlo, de manera que pueda utilizar su fuerza contra él. Las técnicas de golpeo *(atemi waza)* se usan en judo y principalmente están dirigidas a las partes más débiles y vulnerables del cuerpo.

Cuando se está autodefendiendo con el judo, es importante recordar llevar a cabo los movimientos con velocidad, agilidad y precisión para contrarrestar la fuerza del atacante. Un ataque sorpresa a menudo le derribará al suelo, dejándole plano sobre la espalda, antes de haber tenido la oportunidad de reaccionar o tomar represalias en propia defensa. Sin embargo, el judo le enseña a responder luchando sobre el suelo.

Sin embargo, las técnicas de autodefensa sólo pueden ser efectivas con una práctica continuada, ya que los movimientos y las reacciones llegan a ser instintivos. La práctica le ayudará a mejorar su coordinación y la conciencia de sus puntos fuertes y débiles. Es importante que practique bajo la estrecha supervisión de un entrenador realmente cualificado, que pueda ofrecerle pautas constructivas sobre la técnica y otras cuestiones de seguridad.

izquierda UN PENSAMIENTO CLARO Y LÓGICO LE AYUDARÁ A RESPONDER CON RAPIDEZ Y EFICACIA ANTE UN ATAQUE SORPRESA.

página siguiente DESEQUILIBRE A SU ADVERSARIO UTILIZANDO SU MOVIMIENTO DE ATAQUE.

⇧ Cuando el atacante le agarre alrededor de los hombros, coloque una mano por detrás de su espalda y golpéele en la ingle con la otra mano.

⇧ Cuando se inclina hacia delante desde el golpe, extienda la mano izquierda para agarrar su manga derecha y dé un paso por delante de él, flexionando las rodillas y levantándole sobre las caderas.

⇧ Cuando le levanta, gire ligeramente para proyectarlo hacia delante por encima de las caderas.

⇦ Debe estar estirado sobre la espalda cuando el atacante se sienta a horcajadas sobre usted, en un intento de estrangularle.

⇦ Coloque el brazo a través y entre los brazos del atacante e intente empujarle por la barbilla con la parte inferior de la mano, mientras hace un puente al mismo tiempo.

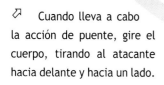

⤢ Cuando lleva a cabo la acción de puente, gire el cuerpo, tirando al atacante hacia delante y hacia un lado.

⇧ Finalice el movimiento golpeando al atacante con el codo, en la ingle o el estómago.

⇧ Le atacan por la espalda, y el atacante le agarra alrededor del cuello para estrangularle.

⇧ Gírese hacia un lado, creando suficiente espacio en el que pueda golpear el estómago de su atacante con el codo.

⇧ Sujete su brazo contra el pecho y pise fuerte su pie con el talón izquierdo. Inclínese sobre una rodilla, proyectándole hacia delante.

⇧ Para vencer en esta acción de defensa, es muy importante que siga la rotación con proyección hacia delante.

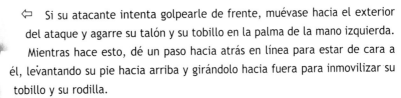

⇐ Si su atacante intenta golpearle de frente, muévase hacia el exterior del ataque y agarre su talón y su tobillo en la palma de la mano izquierda. Mientras hace esto, dé un paso hacia atrás en línea para estar de cara a él, levantando su pie hacia arriba y girándolo hacia fuera para inmovilizar su tobillo y su rodilla.

⇩ Siga levantando su pierna con las dos manos, desequilibrándole hacia atrás y proyectándole sobre su espalda.

↗ Golpee a su atacante en la ingle con el pie derecho.

CONTACTANDO

ASOCIACIONES NACIONALES DE JUDO

ALEMANIA
- GERMAN SPORTS FORUM
- Tel: (+69) 67 60 13
- Fax: (+69) 677 22 42
- E-mail: sportforum@aol.com
- Website: www.judobund.de

AUSTRALIA
- JUDO FEDERATION OF AUS-TRALIA
- P.O. Box 919, Glebe NSW 2037,
- Tel: (+2) 9552 2770
- Fax: (+2) 9660 8936
- E-mail: ausjudo@ausport.gov.au
- Website: www.ausport.gov.au/judo

AUSTRIA
- OESTERREICHISCHER JUDOVERBAND
- Wassergasse 26/5, 1030 Wien
- Tel: (+1) 714 71 31 33
- Fax: (+1) 714 71 31 33
- E-mail: oejv@asn.or.at
- Website: www.asn.or.at/oejv/home.htm

BÉLGICA
- BELGIAN JUDO FEDERATION
- 12 Rue General Thys B-1050, Bruxelles
- Tel: (+2) 648 76 52
- Fax: (+2) 640 34 69
- E-mail: judobel@skynet.be
- Website: www.judonet.be/eng/index.html

CANADÁ
- JUDO CANADA
- 226-1725 St Laurent, Ottawa,
- Tel: (+613) 738 1200
- Fax: (+613) 738 1299
- E-mail: info@judocanada.org
- Website: www.judocanada.org

DINAMARCA
- DANISH JUDO AND JU-JITSU UNION
- Idreattens Hus, Brondby Stadion 20, DK-2605 Brondby
- Tel: (+45) 4326 2920
- Fax: (+45) 4326 2919
- E-mail: dju@dju.dk
- Website: www.dju.dk

EGIPTO
- EGYPTIAN JUDO & AIKIDO FEDERATION
- Olympic Federations Complex, Cairo Stadium's Authority, Nasr City, Cairo
- Tel: (+2) 2 63 43 67
- Fax: (+2) 2 63 85 55

ESPAÑA
- ROYAL SPANISH JUDO FEDERATION
- Ferraz 16, 7 Izquierda, Madrid 28008
- Tel: (+91) 559 4876
- Fax: (+91) 547 6139
- E-mail: po.roses@fbjudo.org

ESTADOS UNIDOS
- UNITED STATES JUDO INC.
- 1 Olympic Plaza – Suite 202, Colorado Springs CO 80909
- Tel: (+719) 578 4730
- Fax: (+719) 578 4733
- E-mail: usjudoexdr@aol.com
- Website: www.usjudo.org

FINLANDIA
- FINNISH JUDO ASSOCIATION
- Radiokatu 20, 00093 SLU
- Tel: (+9) 3481 2316
- Fax: (+9) 148 1654
- E-mail: toimisto@judolitto.fi
- Website: www.judoliitto.fi

FRANCIA
- FEDERATION OF FRENCH JUDO, JUJITSU, KENDO & DISCIPLINES ASSOCIÉES
- 43 Rue des Plantes, R-75014, Paris
- Tel: (+1) 40 52 16 16
- Fax: (+1) 40 52 16 70
- E-mail: ffjudo@wanadoo.fr
- Website: www.ffjudo.com

GRECIA
- HELLENIC JUDO FEDERATION
- Olympic Athletic Center 37, Kifisicas Ave, 151 23, Marousi
- Tel: (+1) 685 9097/689 2056
- Fax : (+1) 685 6639

IRLANDA
- IRISH JUDO ASSOCIATION
- 79 Upper Dorset Street, Dublin 1
- Tel: (+1) 830 8233
- Fax: (+1) 860 0889
- E-mail: irishjudo@clubi.ie

ISRAEL
- ISRAEL JUDO ASSOCIATION

- Tel-Aviv National Sports Center, P.O. Box 58176, Tel Aviv 69482
- Tel: (+3) 647 8025
- Fax: (+3) 647 9155

ITALIA
- **FEDERAZIONE ITALIANA LOTTA PESI JUDO**
- Viale Tiziano 70, I-00196 Roma
- Tel: (+6) 323 6659
- Fax: (+6) 324 4355
- E-mail: fijlkamit@fijlkam.it
- Website: www.fijlkam.it

KENIA
- **KENYA JUDO ASSOCIATION**
- P.O. Box 57847, Nairobi
- Tel: (+2) 72 25 54 / 72 42 01
- Fax: (+2) 50 11 20 (National Sports Council)

MAURICIO
- **MAURITIUS JUDO FEDERATION**
- Foondhun Building, Rose Hill, Port Louis
- Tel: (+230) 464 0066 / 208 4855
- Fax: (+230) 208 7882 / 208 3799

NAMIBIA
- **NAMIBIA AMATEUR JUDO**
- P.O. Box 3930, Swakopmund
- Tel: (+61) 22 9285
- Fax: (+61) 23 7872

NORUEGA
- **NORGES JUDO FORBUND**

- Serviceboks 1 Ulleval Stadion, N-0840 Oslo
- Tel: (+21) 02 98 20
- Fax: (+21) 02 98 21
- E-mail: judo@nif.idrett.no
- Website: www.judo.no

NUEVA ZELANDA
- **NEW ZEALAND JUDO FEDERATION INC.**
- P.O. Box 83-180, Edmonton Road Post Office, Henderson, Auckland
- Tel: (+9) 849 2876
- Fax: (+9) 849 2854
- E-mail: office@judo.org.nz
- Website: ourworld.compuserve.com/ homepages/comvirke

PAÍSES BAJOS
- **JUDO BOND NEDERLAND**
- Blokhoeve 5, P.O. Box 7012, NL 3438 LC Nieuwegein
- Tel: (+30) 603 81 14
- Website: www.jbn.nl

PORTUGAL
- **FEDERACAO PORTUGUESA DE JUDO**
- Rua do Quelhas 32—44, 1200-781 Lisboa
- Tel: (+351) 213 931 630
- Fax: (+351) 213 969 296
- E-mail: secretaria@fpj.pt
- Website: www.fpj.pt

REINO UNIDO
- **BRITISH JUDO ASSOCIATION**

- 7A Rutland Street, Leicester LE1 IRB, England
- Tel: (+1162) 55 9669
- Fax: (+1162) 55 9660
- E-mail: BritJudo@aol.com
- Website: www.britishjudo.org.uk

SUDÁFRICA
- **JUDO SOUTH AFRICA**
- P.O. Box 25680, Boksburg 1460, Gauteng
- Tel: (+12) 3 11 38 97
- Fax: (+12) 3 11 20 10
- E-mail: jsasel1@mweb.co.za
- Website: www.sportsa.co.za/sasports/judo /home.htm

SUECIA
- **SWEDISH JUDO FEDERATION**
- Idrottens Hus, S-12387, Farsta
- Tel: (+8) 605 6566
- Fax: (+8) 605 6567
- E-mail: info@judo.se

SUIZA
- **SWISS JUDO FEDERATION**
- Tel: (+31) 368 05 75
- Fax: (+31) 368 05 76
- E-mail: mailto:office@sjv.ch
- Website: www.sjv.ch

ZIMBABUE
- **ZIMBABUE JUDO ASSOCIATION**
- P.O. Box 970, Harare
- Tel: (+4) 48 6432
- Fax: (+4) 49 0085

GLOSARIO

Aizu	Gestos / señales del árbitro	Kuzure kesa gatame	Inmovilización por el cuello modificada
Chui	Penalización de cinco puntos / prevención	Kuzushi	Desequilibrio
		Matte!	¡Paren!
De-ashi-barai	Barrido del pie adelantado	Morote gari	Siega a dos manos por las corvas
Do	Camino	Morote seoi nage	Proyección por el hombro a dos manos
Eri seoi nage	Proyección por la solapa del hombro	Nami juji jime	Estrangulación normal con manos cruzadas
Gyaku juji jime	Estrangulación cruzada inversa		
Hadaka jime	Estrangulación	O-goshi	Gran proyección por cadera
Hajime!	¡Comiencen!	Okuri ashi barai	Barrido del pie en desplazamiento
Hansoku make	Penalización de 10 puntos (descalificación)	Okuri eri jime	Estrangulación deslizando solapa
		Osae komi	Inmovilización
Hantei	Juicio o decisión	Osaekomi waza	Técnicas de sujeción o inmovilización
Hara gatame	Luxación al codo con el estomago	O soto-gari	Gran siega exterior
Harai goshi	Barrido de cadera	O uchi-gari	Gran siega interior
Hikiwake	Combate o empate	Randori	Entrenamiento o combate libre
Ippon	10 puntos (gana)	Sankaku jime	Estrangulación en triángulo
Ippon seoi nage	Proyección por encima del hombro	Shihan	Maestro fundador
Ju	Arte suave, dar paso, ceder	Shiji	Recibir instrucción
Judogui	Uniforme para el judo	Shime waza	Técnicas de estrangulación
Judoka	El que practica el judo	Sono mama!	¡Quietos!
Juji gatame	Luxación en cruz al brazo extendido	Sukui nage	Proyección levantada
Kamikata	Inmovilizando	Tai otoshi	Caída del cuerpo
Kami shiho gatame	Inmovilización superior por cuatro puntos	Tai sabaki	Defensa con desplazamientos
		Tani otoshi	Caída en el valle
Kansetsu waza	Técnica de desarticulación, llave	Tatami	Colchoneta, tapiz
Kata	Ejercicios de forma, forma fundamental	Tate shiho gatame	Inmovilización por cuatro puntos a horcajadas
Kata gatame	Inmovilización de hombro		
Kataha jime	Estrangulación por un ala	Toketa!	¡Inmovilización rota!
Kata juji jime	Estrangulación media de mano cruzada	Tomoe nage	Proyección circular
Keikoku	Amonestación equivalente a medio punto en contra	Tsukkomi jime	Estrangulación de ataque
		Uchi-mata	Proyección por el interior del muslo
Kesa gatame	Inmovilización por la línea transversal	Ude garami	Luxación al brazo doblado
Kime no Kata	Formas de defensa personal	Ude gatame	Luxación al brazo estirado
Kimete	Punto final, determina el ganador	Uki goshi	Proyección por la cadera elevada
Kodokan Goshinjutsu	Formas Autodefensa de Kodokan	Ura nage	Proyección hacia atrás
Koka	Tres puntos (puntuación mínima)	Waki gatame	Luxación controlando la axila
Koshi guruma	Rueda de cadera	Waza ari	Siete puntos
Ko soto gari	Pequeña siega exterior	Yoko shiho gatame	Inmovilización lateral por cuatro puntos
Ko uchi gari	Pequeña siega interior	Yoshi!	¡Continúen!
Kumikata	Formas de agarre	Yuko	Cinco puntos
Kuzure	Variante		

ÍNDICE

CRÉDITOS FOTOGRÁFICOS

Todas las fotografías son de Ryno Reyneke, excepto las suministradas por los siguientes fotógrafos y/o agencias (los derechos de autor recaen en estas personas o agencias):

Guardas	Tony Stone Images/Gallo Images	15	Nicholas Aldridge
2	Tony Stone Images/Gallo Images	19	Corbis Images
4 - 5	Image Bank	24	Nicholas Aldridge
8	Tony Stone Images/Gallo Images	33	Bob Willingham
9	Tony Stone Images/Gallo Images	34	Nicholas Aldridge
10 (izquierda)	HL/Jon Burbank	59	Bob Willingham
10 (derecha)	Tony Stone Images/Gallo Images (David Ball)	74 (abajo)	Empics Sports Photo Agency/ Aubrey Washington
11	Kodokan Judo Museum and Library	88 (abajo)	Great Stock
13	Corbis Images	89	Tony Stone Images/Gallo Images
14 (arriba)	Tony Stone Images/Gallo Images	96	Tony Stone Images/Gallo Images